Erinnerungen an das alte Köln

Erinnerungen an das alte Köln

Zeichnungen Walter Wegener
Texte Rudolf Spiegel

Greven Verlag Köln

Schutzumschlag
Vorderseite — St. Gereon (s. S. 64)
Rückseite — Lintgasse 14 (s. S. 34)

CIP-Kurztitelaufnahme der Deutschen Bibliothek

Wegener, Walter:
Erinnerungen an das alte Köln / Zeichn. Walter Wegener. Texte Rudolf Spiegel. - Köln : Greven, 1979
ISBN 3-7743-0166-2
NE: Spiegel, Rudolf:

Graphische Gestaltung: Peter Krolow
Gesamtherstellung: Greven & Bechtold, Köln

Aus der Geschichte der Kölner Topographie

DAS WEYERTOR

Die eigenartige Schönheit unserer mittelalterlichen deutschen Städte hat von jeher nicht nur die staunende Anteilnahme fremder Besucher, sondern auch die Bewunderung bedeutender Künstler und Graphiker gefunden.

Das trifft in besonderem Maße zu auf »Coellen eyn croyn boven allen steden schoyn«, auf unser altes ehrwürdiges Köln, das mit seinen Bau- und Kunstdenkmälern schon früh Chronisten und Geschichtsschreiber motivierte: Meister Gottfried und der Mönch Ruotger von St. Pantaleon sind dessen früheste Zeugen.

Beide eröffnen eine lange Reihe illustrer Lobredner auf Köln, die der Stadt zu allen Zeiten in Wort und Schrift ihre Reverenz erwiesen haben. Auch der große Humanist, Aeneas Sylvius Piccolomini, der spätere Papst Pius II. (1458—1464), ist hier zu nennen mit seinem bewundernden Ausruf: »Findest Du in ganz Europa Großartigeres und Prächtigeres als Köln?«

Den Chronisten und Humanisten haben es die Graphiker und Maler schon früh gleichgetan. Vor mehr als 550 Jahren schuf der Meister der hl. Veronika für die Darstellung der Ursulalegende als Hintergrundarchitektur das wohl älteste Stadtbild von Köln. — Mit diesem Gemälde wird im Wallraf-Richartz-Museum ein etwas jüngerer sechzehnteiliger Gemäldezyklus aus der Schule des Stephan Lochner aufbewahrt, der im Hintergrund seiner Bildlegende ebenfalls eine Reihe von Kirchen, Kapellen und Türmen als Symbole der Pracht und Herrlichkeit der rheinischen Metropole zeigt. Auch an die Motive aus einer Bibelhandschrift in Kölner Mundart um das Jahr 1460 sei erinnert.

Vor vielen anderen Städten darf Köln sich rühmen, nach Erfindung der Buchdruckerkunst noch zur Inkunabelzeit Illustratoren seiner städtebaulichen Schönheit gefunden zu haben. Wir kennen solche im »Fasciculus temporum« des Westfalen Werner Rolevinck, 1474 in der Ausgabe des Arnold Therhoernen und 1479 bei Heinrich Quentel. Die berühmte Kölner Bilderbibel des Bartholomäus von Unckel aus den Jahren 1478/79, deren beispielhafte Holzschnitte am längsten fortgewirkt und selbst Dürer und Holbein nachweisbar beeinflußt haben, weist ebenfalls Kölner Bauwerke auf. Auch in Hartmann Schedels »Weltchronik« (1493) ist Köln durch eine Ansicht von allerdings geringer Wirklichkeitstreue vertreten. Dafür erfreuen wir uns in Koelhoffs des Jüngeren »Cronica van der hilliger Stat van Coellen« (1499) an den

zahlreichen vorzüglich stilisierten Kölner Motiven, wenn sie auch noch ohne die später so selbstverständlich gehandhabten richtigen Perspektiven wiedergegeben sind. Erst Sebastian Münster (1489—1552) bringt ganz allgemein den Übergang von einem einzigen für mehrere Städte verwandten Holzschnitt zum individuellen Stadtbild, so z. B. für Köln in seiner »Cosmographia« (1541 ff.).
Berühmter als sie alle aber ist der Holzschnitt mit dem Kölner Rheinpanorama von 1531 geworden, den Antonius Woensam von Worms im Auftrag des Verlages Quentel geschaffen hat. Künstler und Verleger hatten ihn der Stadt Köln gewidmet. Mit berechtigtem Stolz überreichte diese ihn im Januar 1531 Kaiser Karl V. und seinem soeben in Köln zum römischen König gewählten Bruder Ferdinand, ferner den sieben Kurfürsten, die damals mit dem Kaiser und dem römischen König in Köln weilten. Der 62 x 350 cm große Holzschnitt war schon in seinen äußeren Ausmaßen ein wahrhaft königliches Geschenk der Stadt an die hohen Besucher.
Woensams Holzschnitt ist bis heute die großartigste Darstellung der Macht und Größe von Deutschlands volkreichster Stadt im Mittelalter geblieben. Darüber hinaus rühmt die Fachwelt dem Künstler nach: »Sinn für die Anmut der kleinen Dinge, die Mannigfaltigkeit der bürgerlichen Bauten, das geschäftige Leben am Strom, das Interesse für den bescheidenen Anstand der Fachwerkbauten und den Volkston der Bildwerke an den Rheintoren« (Wolfgang Braunfels: »Anton Woensams Köln-prospekt . . .«, im Wallraf-Richartz-Jahrbuch XXII, 1960, p 136).
Bereits ein Menschenalter später wurde Kölns Topographie um ein weiteres gewichtiges Kunstwerk bereichert: Arnold Mercators Stadtplan von Köln von 1571. Woensams Holzschnitt war noch verlegerischer Initiative zu danken gewesen; Mercator schuf seinen 108 x 152 cm großen Stadtplan im Auftrag von Bürgermeister und Rat der Freien Reichsstadt. Das als Aquarell ausgeführte Original wurde später in Kupfer gestochen, aber die Stiche waren von außerordentlicher Seltenheit. Erst im Jahre 1978 gelang es, einen Original-Mercator nach Köln zu holen.
Vier Jahre nach dem Mercatorplan erschien in Köln der erste Band der deutschen Ausgabe der »civitates orbis terrarum«, eines von dem Kölner Stiftsdechanten und Geographen Georg Braun herausgegebenen sechsbändigen Städtebuches, für das Vater und Sohn Hogenberg die Pläne und Zeichnungen anfertigten.
Auch das 17. Jahrhundert verzeichnet eine Reihe klangvoller Namen solcher Künstler, die die Freie Reichsstadt Köln und zahlreiche ihrer Bau- und Kunstdenkmäler im

Bilde festgehalten haben. Franz und Abraham Hogenberg nannten wir schon als Illustratoren des Braunschen Städtebuches. Augustin Braun und Peter Isselburg führen die Reihe der Künstler vor dem 30jährigen Krieg an. Wenzel Hollar schuf während dieses ersten »Weltkrieges« auf deutschem Boden seine Kölner Stiche wie Merian seine Stadtpläne.

Als Köln vor eineinhalb Jahrzehnten durch eine Ausstellung im Overstolzenhaus des Tages gedachte, da Erstdrucker Ulrich Zell »apud Lyskirchen« die Kunst Gutenbergs vor 500 Jahren in der rheinischen Metropole eingeführt und heimisch gemacht hatte, staunten Fachwelt und Laien über »die doch sehr ausgedehnte und manchmal kaum zu übersehende Vielzahl wichtiger Kölner Drucke«. Diese Feststellung Kurt Hackenbergs trifft in besonderem Maße auch zu für die Zeichnungen, Radierungen, Holzschnitte, Kupferstiche, Lithographien usw. der alten Freien Reichsstadt am Rhein, deren graphischer Reichtum kaum noch zu übersehen war.

Der Zeichner Augustin Braun und der Stecher Peter Isselburg begegneten uns schon. Der Stadtprospekt, den beide etwa von der Höhe des Bayenturms aus gestalteten und den die beiden Kölner Verleger Anton Hierat und Johann Gymnich 1613 den »Opera« des Beda Venerabilis beigaben, erfaßt die gesamte Rheinfront Kölns und ist ungewöhnlich zart gelungen. Im Titelkupfer der »Aeneis« zeigt Gualterus 1628 einen weiteren Stadtprospekt von Köln mit der berühmten Umschrift: »S. Colonia Dei Gratia Romanae Ecclesiae Fidelis Filia«. — Als nächste sind J. J. Millheuser und Gerhard Altzenbach zu nennen, letzterer Kupferstecher, Verleger und Händler in einer Person, bekannt als Herausgeber hochwertiger Kalender und Ansichten der Stadt Köln. Er arbeitete mit Hollar, Aubry und Toussyn zusammen. — Mitten im Dreißigjährigen Krieg lebte der aus Prag gebürtige Wenzel Hollar einige Jahre, vielleicht schon seit 1628, sicher aber seit 1632, in Köln. Er hatte zuvor in Frankfurt bei Merian d. Ä. seine Ausbildung zum Topographen erhalten, und seine zahlreichen Zeichnungen und Stiche von Köln und Kölner Bauten sind den Arbeiten von Merian und Mercator durchaus an die Seite zu stellen. Merlos »Kölnische Künstler in alter und neuer Zeit« geben eine eindrucksvolle Übersicht über das bewegte Leben und Schaffen Hollars. — Von etwa 1630 bis 1675 währte die Tätigkeit des Kupferstechers Johann Eckhard Löffler in Köln, von dem wir in den »Flores Seraphici«, 1640 bei Constantin Münich von Carolus de Aremberg herausgegeben, einen interessanten Stich von Köln finden. — Weitaus bekannter ist Emanuel von Wehrbrun geworden durch sein kleines Stadtbild in des Aegidius Gelenius berühmtem Werk »De admiranda sacra et civili magnitudine Coloniae«. Wehrbruns Arbeiten sind in die Jahre 1630 bis 1662 zu datieren. Von ihm stammen auch die Kupfer zahlreicher Wappen Kölner Geschlechter und Familien. — Auch die noch im Jahre 1648 im Auftrage der Stadt Köln herausgebrachte »Pharmacopoea« des Professors und Arztes Petrus Holtzemius weist im Titel ein Stadtbild von Köln auf, das uns in seiner gebogenen Form öfter auf Titelkupfern begegnet.

Allein diese zahlreichen Bilder und Stiche aus dem Köln des Dreißigjährigen Krieges zeugen schon von dem blühenden künstlerischen und kulturellen Leben der Freien Reichsstadt in Deutschlands größter Notzeit. Für die zweite Hälfte des Jahrhunderts wären weiter zu nennen die Künstler Finckenbaum (um 1670) und Wittmann (1694), vor allem jedoch für die Zeit um 1660 der Maler, Zeichner und Radierer Johann Toussyn. Damals fertigten Toussyn und A. Aubry den bekannten Kupferstich des Kölner Ratsschiffs.

Kann man für das 17. Jahrhundert fast von einer Überfülle von Stadtansichten und Einzelkupfern sprechen, so muß man für das 18. Jahrhundert eher von einer ärmlichen künstlerischen Ausbeute berichten. Als das Mittelmaß überragend ist nur der Stadtplan des Artilleriehauptmanns J. V. Reinhardt aus dem Jahre 1752 anzusprechen. Kartographisch ist er sicher genauer als die älteren Pläne von Mercator und Merian. Aber deren künstlerische Schönheit fehlt ihm doch weitgehend.

Gegen Ende des Jahrhunderts begegnet uns in Charles Dupuis noch einmal ein fruchtbarer Zeichenkünstler, dessen Grundrisse und Ansichten des Domes von Sammlern auch heute noch geschätzt werden, von dem aber vor allem ein Grundriß der Stadt Köln zu Beginn der zwanzigjährigen französischen Fremdherrschaft am Rhein interessiert.

Wie reich dann wieder das 19. Jahrhundert an Malern, Tuschzeichnern und Lithographen ist, die uns Schönheit und Eigenart der alten Reichsstadt überliefert haben, zeigt ein Blick in den Kunstdenkmälerband der Stadt Köln, der die profanen Denkmäler behandelt und von Professor Hans Vogts bearbeitet, mit 19 Tafeln und 367 Abbildungen im Text 1930 erschien. Da begegnen uns bekannte Namen wie Oedenthal (1820) und Crantz (1827), L. Lange (ca. 1840) und Michael Welter (ca. 1840), M. Kolb (ca. 1850) und E. de Cauwers (ca. 1860). Johann Peter Weyer (1794—1864), der Kölner Stadtbaumeister, gab Lithographien von Anton Wünsch in 24 Blättern als »Sammlung von Ansichten öffentlicher Plätze, merkwürdiger Gebäude und Denkmäler in Cöln« heraus. Der Maler und Lithograph Georg Rudolf Osterwald schuf seit 1842 in Köln, wo er 1864 Professor wurde, eine Fülle von Stichen Kölner und rheinischer Baudenkmäler. Auch Paruit, Raschdorff und Springer müssen hier genannt werden. Gegen Ende des Jahrhunderts, 1894, kam Roland Anheißer (1877—1949) nach Köln, das seine zweite Vaterstadt wurde und dessen Schönheit und Eigenart er als Maler zutiefst erfaßte und in vielen hundert Radierungen und Gemälden der Nachwelt überlieferte. — Hans Vogts hat die künstlerische Einheit im Werke und in den Veröffentlichungen von Roland Anheißer besonders gerühmt. Er habe die Stadt mit dem Auge des Architekten und mit dem liebevollen Verständnis für die alten Bauformen gesehen und mehr das einzelne beobachtet als das Gesamtbild. Das aber mache den Reiz und den Charakter des Kölner Stadtbildes aus, »die Harmonie vieler Einzelheiten und der Episoden einer langen Geschichte«. Von Anheißer führt der Faden, führt die künstlerische Linie unmittelbar zu Walter Wegener (1903—1973), zum vorläufig letzten Glied in der langen Kette derer, die uns die malerische Schönheit unseres alten Köln im Bilde festgehalten haben.

Peter Joseph Hasenberg

Dom, Petersportal

Um 1370—1380 entstand das Petersportal in der Westfassade des Domes. Fünf der großen Gewändefiguren sind alt: rechts (von innen nach außen) Petrus, Andreas und Jakobus, links Paulus und Johannes. Wegen ihres angegriffenen Zustandes mußten diese Figuren abgenommen und durch Kopien ersetzt werden. Im Bogenfeld über der Tür, dem Tympanon, sitzen unten sechs Propheten, darüber erkennen wir Szenen aus dem Leben der Apostel Petrus und Paulus. — Am 15. Oktober 1880 wurde in Anwesenheit von Kaiser Wilhelm I. der letzte Stein auf die Kreuzblume des Südturms gesetzt: Nach 632 Jahren und zwei Monaten war der Dom endlich vollendet.
Die Heimstatt des Dreikönigenschreins ist eine der großartigen Sehenswürdigkeiten dieser Welt. »Vollendung in der Idee«, schreibt der heutige Dombaumeister Arnold Wolff, »das ist das Wesen des Kölner Domes unter allen Kathedralen.« Für Wolff ist der Dom als echt kölnische Kathedrale konzipiert und erbaut worden, als eines der Heiligtümer des Reiches zwar, aber nicht als Reichsheiligtum: »Zwar hat das 19. Jahrhundert den Bau gründlich mißverstanden, als es in ihm ein »Symbol für die Einigung Deutschlands« sah. Doch obwohl der Dom auch dieser Funktion gerecht geworden ist, überspielte er die Vollender und brachte aus sich selbst die Vollkommenheit in seinem eigenen Sinne hervor, und zwar durch das ihm innewohnende Prinzip, alle Bauformen mit unerbittlicher Konsequenz aus dem einmal angeschlagenen Grundmotiv zu entwickeln.« — Voller Staunen stehen täglich Tausende von Besuchern vor diesem gewaltigen Bauwerk, fasziniert vom großartigen Ausdruck von Gebet und Glauben nach den Gesetzen des Maßes.

W. WEGENER 54

Mittelalterlicher Wasserspeier am Domchor

»Immer schon hatte es mir der Dom angetan«, schrieb Walter Wegener 1931, als er die Nordseite der Kathedrale ganz in Bleistift zeichnete. Aber ebenso wie das Ganze verlockte den Zeichner auch das Detail: wie dieser mittelalterliche Wasserspeier am Chor. Die Kapitelle und Kreuzblumen, die Pfeiler und Streben, die tausendfältigen Verzierungen des grandiosen Bauwerks geben vielfältige Motive ab. Bei allem Bestreben nach Einheitlichkeit der Bauglieder pflegt die Dombauhütte jedoch eine Tradition der Freiheit bei den plastischen Einzelwerken. So wies der Dombaumeister Willi Weyres beispielsweise 1950 die Dombildhauer an, frei aus dem Stein herauszuschlagen, was sie bewegte: Figuren und Szenen, Tiere und Blumen, Menschen und Dämonen. Dombaumeister Wolff: »Wie ein Baum, wie eine Stadt ist die Kathedrale ein Vorgang, ein Prozeß, zwar vollendet in der Idee, aber niemals fertig in der Wirklichkeit.« — In der Tat wird am Dom immer und immer weiter gebaut. Vor allem die Umwelteinflüsse haben dem Bauwerk hart zugesetzt: Zu witterungsbedingten Schäden kamen die Folgen der giftigen Abgase, vor allem von Schwefeldioxyd, die das Gestein zunehmend zerfressen. Heute sorgt die Dombauhütte mit rund 60 Mitarbeitern dafür, daß schadhafte Bauteile durch verwitterungsfreies Material ersetzt werden; allein die Arbeiten am Strebewerk, das der statischen Sicherheit der Mittelschiffgewölbe dient, werden noch Jahrzehnte in Anspruch nehmen. Der Dom einmal ohne Gerüst — das zu erleben, wird keinem von uns vergönnt sein. Wie denn auch, wenn man dem aus dem Mittelalter überlieferten Sprichwort folgt: »Wenn der Dom fertig ist, dann geht die Welt unter.«

St. Mariä Himmelfahrt

Als Mitte der siebziger Jahre die Front an der Bahnhofstraße abgerissen wurde, um einem modernen Bürogebäude Platz zu machen (der »schwarze Riese«, der für vieler Leute Geschmack ein städtebauliches Unglück darstellt), eröffnete sich für den Betrachter plötzlich ein faszinierender Ausblick auf die ganze Wucht und Großartigkeit der »Jesuitenkirche« vom Bahnhofsvorplatz aus. 1618 begonnen, 1678 konsekriert, ist sie die größte Barockkirche Kölns, aber sie ist nicht nur Barock. Sie vereinigt in sich Romanik und Gotik, Renaissance und Frühbarock zu einer überwältigenden Einheit. Diese rühmte beispielsweise der französische Maler Eugène Delacroix, der 1850 notierte: »Statt sich mit der Nachahmung der Denkmäler einer vergangenen Epoche zu amüsieren, hat man hier getan, was man konnte; man hat Renaissance und Gotik, ja alle möglichen Stile durcheinandergemischt. Und dennoch haben Künstler, wirkliche echte Künstler, etwas ganz Köstliches, Ganzes zu machen verstanden. Man ist in dieser Kirche völlig geblendet . . .« — Hätte es indessen nicht den Ratsherrn Laurenz Fürth gegeben, so wären wir heute auf Zeugnisse wie das von Monsieur Delacroix angewiesen. Denn während der Franzosenzeit wurde die Jesuitenkirche zum »Tempel der Vernunft« umfunktioniert, dann auf Abbruch verkauft, und nur das Geld des Herrn Fürth bewahrte sie vor dem Untergang. Der Großkaufmann vermachte die Kirche später seiner Pfarrei, die dafür dann lieber die wenig prunkvolle Maximinenkirche dem Abbruch anheimgab. — Zu den schweren Kriegsschäden, die in St. Mariä Himmelfahrt zu heilen waren, kamen in neuester Zeit andere hinzu; eben erst wiederhergestellt, mußte die Kirche wegen erheblicher Risse — vermutlich entstanden durch die Bautätigkeit in der engsten Nachbarschaft — erneut geschlossen werden. Und erst seit zwei Jahren präsentiert sie sich wieder in ihrer vollen Pracht, jedermann zugänglich, der unbefangen staunen kann wie weiland Delacroix.

Der Hessenturm

Das Wahrzeichen des einstigen Hessenhofs war zugleich auch das letzte Überbleibsel »eines der besten Beispiele niederrheinischer Hochrenaissance im Anschluß an die Ratshauslaube« (Clemen); der schlanke, achteckige Treppenturm mit der Jahreszahl 1563 ragte bis zum Krieg über Marzellenstraße und Bahndamm, das übrige Anwesen war 1906 abgebrochen worden. Einst hieß der Hessenhof Riehler Hof oder Rylescher Hof, erwähnt schon um 1180; er gehörte lange der Familie von Sittard. 1688 kam der Hof für 5.000 Reichstaler in den Besitz des Landgrafen Ernst von Hessen. — Die vornehmen Kölner Familien pflegten ihre Anwesen mit ähnlichen Türmen wie dem Hessenturm zu schmücken, äußeres Zeichen für wohlgeborenes Patriziertum; knapp 50 schmückten noch zu Beginn des vorigen Jahrhunderts das Stadtbild, bis der Modernismus und bis schließlich die Bomben sie vernichteten. Einzig der Turm am sogenannten Richmodishaus in der Richmodstraße mit den »Päädsköpp« legt noch Zeugnis von ihrer Existenz ab.
Im Hintergrund, hinter dem Hessenturm, sehen wir auf Wegeners Zeichnung den Turm von St. Mariä Himmelfahrt, der Ordenskirche der Jesuiten (Abb. S. 15). Die Marzellenstraße bildete seit Beginn des 17. Jahrhunderts ein geistiges Zentrum Kölns, als die Jesuiten hier ihr großes Studienkolleg gründeten. Später entstand hier das berühmte Dreikönigsgymnasium, wo unter anderem der Jesuit Friedrich von Spee (»Cautio criminalis«) zur Schule ging. Auch des Kaisers Feldherr aus dem Dreißigjährigen Krieg, Tilly, war hier Schüler. Im Jesuitenkolleg befindet sich heute das Erzbischöfliche Generalvikariat.

W. WEGENER 36

St. Andreas mit Dom

Unmittelbar vor dem römischen Nordtor, dessen Reste heute die »Domplatte« zieren, am römischen Stadtgraben also, mag schon sehr früh ein christliches Heiligtum gestanden haben. Aber der Normannensturm (881) fegte die Ursprünge hinweg; Erzbischof Bruno begann mit dem Neubau von St. Andreas, sein Nachfolger Gero vollendete ihn und weihte ihn ein (974). Die heutige Form der Kirche mit ihrem charakteristischen achteckigen Vierungsturm, der an St. Aposteln erinnert (Abb. S. 74 und 75), stammt aus der ersten Hälfte des 13. Jahrhunderts. 1414 wird der gotische Ostchor dem romanischen Kirchenbau angefügt. — St. Andreas liegt im hohen Mittelalter im Zentrum des Universitätsbezirks zwischen der »Rechtsschule« und der Stolkgasse, wo 1248 Albertus von Bollstädt, genannt Magnus, Studienleiter des »Studium Generale Teutonicum« der Dominikaner ist — heute ruhen seine Gebeine in der Krypta von St. Andreas. Nach dem Zweiten Weltkrieg kamen die Dominikaner in ihren alten Bezirk zurück: Kardinal Frings übertrug ihnen die Kirche St. Andreas, an die im Verlauf der Komödienstraße ein modernes Konventsgebäude angeschlossen wurde. — Das Gotteshaus birgt eine Reihe von Kunstschätzen von hohem Rang; bemerkenswert die Wandmalereien in den Seitenkapellen, von Kennern wenigstens zum Teil den bedeutendsten der Hochgotik im Rheinland zugerechnet; bemerkenswert das staufische Löwentor in der Sakristei sowie Dokumente mittelalterlicher Bildhauer- und Malkunst: Chorgestühl im Ostchor (um 1420), das Renaissance-Sakramentshaus (um 1550), der Erzengel Michael von Tilman von der Burch (um 1470). Schließlich die Rosenkranzmadonna (um 1471), das Gemälde der Rosenkranzbruderschaft des Meisters von St. Severin (um 1500) und nicht zuletzt der Makkabäerschrein von Peter Haneman »vur der paffenportzen« (Anfang 16. Jahrhundert) in Gestalt einer Kapelle.

Am Rathaus

Dieser Anblick muß Wegener und die »alten Kölner« neun Jahre nach Kriegsende mit Wehmut erfüllt haben: Ein letztes altes Bürgerhaus Obenmarspforten/Ecke Judengasse mit klaffenden Fensterhöhlen, soeben im Wiederaufbau befindlich, dahinter der Rathausturm, gerade wieder mit einem schmucklosen, wenngleich dem früheren Vorbild entsprechenden Helm, und links die vom Krieg übriggelassene Hülse der großartigen Rathauslaube (Clemen: »Ein Hauptwerk der deutschen Renaissance«) des Wilhelm Vernucken aus Kalkar (1569—1573), die wie durch ein Wunder den Bombenterror überstanden hat, der die übrige Rathausumgebung so stark in Mitleidenschaft zog, daß man durch die Mauern des ehemaligen »Bürgerhauses« bis in den klassischen Hansasaal durchblicken kann. — Mitte der siebziger Jahre ist das Rathaus wieder vollendet, steinernes Dokument alter reichsstädtischer Bürgertradition. Im Hansasaal wachen wieder die »Neun guten Helden« (Skulpturen aus dem 14. Jahrhundert: Alexander der Große, Hektor und Julius Caesar; Judas Makkabäus, David und Josua; Gottfried von Bouillon, König Artus und Karl der Große) über die Geschicke der Stadt; der Senatssaal präsentiert sich mit seinem Ratsgestühl fast wie ehedem, der schmuckreiche Löwenhof von Meister Laurenz (1541) ist nach historischem Vorbild rekonstruiert. Die »Prophetenkammer« (ihre malerischen Überbleibsel sind heute im Wallraf-Richartz-Museum zu sehen) schließt das prächtige Intarsienportal des Melchior von Reidt (um 1600). Es gibt wieder den »Muschelsaal« und den »Weißen Saal«, wenn auch anders als zu früherer Zeit. Eines ist neu im neuen, alten Rathaus: Die »Piazzetta«, von Kölschen respektlos »Pizzeria« genannt, repräsentativer Freiraum im Rathaus-Innenbereich ohne sonderlich praktischen Nutzen. Den wiederum werden künftige Generationen im »Ratskeller« haben: Ab 1979 soll es hier Bier geben . . .

W. WEGENER 54

Konsolsteine am Rathaus

Unter dem Altan des Rathauses zum Alter Markt hin befanden sich diese beiden Konsolsteine, fratzenhaftes Rankenwerk eines an bildhauerischem Schmuck einst so reichen Rathauses. Auch den Rathausturm schmückten solche Konsolen, wobei schon 1694 berichtet wird, daß »die Steinernen Bilder abzufallen anheben«. Unsere Konsolsteine, die Wegener 1940 zeichnete, sind der Zerstörung anheimgefallen. Anderes ist erhalten: Beispielsweise der Platzjabbek, holzgeschnitzt, der beim Glockenschlag des Rathausturms den Kölnern frech die Zunge zeigt. Beispielsweise das — weitaus ältere — Relief, das den Kampf des Kölner Bürgermeisters Gryn (oder Grin) mit dem Löwen zeigt, was wiederum eine besondere Bewandtnis hat, die den Zusammenhang herstellt mit den früh-emanzipatorischen Bestrebungen des kölnischen Bürgertums. Hans Vogts schreibt zu dem legendären Ereignis von 1262 (genau 26 Jahre vor der entscheidenden Schlacht von Worringen): »Zwei Pfaffen des Domkapitels, Parteigänger des Erzbischofs, sollen den Bürgermeister (Hermann Grin) verräterisch in ein Gewölbe gelockt haben, in dem sie einen Löwen hielten, um sich seiner zu entledigen. Er aber wurde Herr über das Untier und ging siegreich aus seiner Haft hervor . . .«
Grin — oder Löwenköpfe schmückten hinfort manches Kölner Bürgerhaus; in der Altstadt können wir heute noch einen Rest davon bewundern. Grins Epigonen müssen, auf die Überlieferung vertrauend, dessen Überleben empfunden haben wir den Kampf Daniels in der Löwengrube.

W. WEGENER 40

Keller des »Plasmannschen Hauses«

Manches war über die Jahrhunderte hinweg hinfällig geworden am Kölner Rathaus, und das 19. Jahrhundert erlebt umfassende Instandsetzungsarbeiten (so mußte der Hansasaal 1856 wegen Baufälligkeit gesperrt werden). 1863 wurde unter der Leitung des Stadtbaumeisters Julius Raschdorff der Neubau des sogenannten Plasmannschen Hauses fertig, eine als Kanzlei dienende, zeitweise von dem Stadtsekretär Plasmann bewohnte Häusergruppe, die sich südlich an den Rathauskomplex anschloß. Clemen schreibt: »Im Keller des Hofflügels eines der drei Häuser, aus denen das Plasmannsche Haus ursprünglich bestand, befindet sich eine sehr interessante Anlage, die wahrscheinlich aus der Mitte des 12. Jahrhunderts stammt.« — Die Zweckbestimmung dieses eigenartigen romanischen Gewölbes — in ihm endet ein Brunnenschacht — ist nicht eindeutig ausgemacht; man neigt jedoch dazu, hier ein Judenbad anzunehmen — rings um den Standort des Rathauses befand sich Kölns mittelalterliches Getto, und an der »Judengasse«, die hinaufführt zur Rathauslaube, wurde nach dem Zweiten Weltkrieg das andere Judenbad freigelegt. Dieses hier wäre den spärlichen Quellen und Vermutungen zufolge etwa gleichzeitig mit der Erneuerung der Synagoge um 1150 entstanden.

WEGENER 30

Bürgerstraße

Als solche ist sie seit mittelalterlichen Zeiten erwähnt — Bürgerstraße oder auch »Bürgerhausstraße«, im Weichbild des Rathauses. Ganz hinten erhebt sich der — damals noch unversehrte, heute wiederhergestellte — Rathausturm, und in der Bürgerstraße wohnten in alten Zeiten wichtige Stadtbedienstete. Für jene Zeit hat der Betrachter sich zum Abschluß der Bürgerstraße, zum Rathaus hin, ein den Rathausbezirk sicherndes Tor vorzustellen, »mit starken Dillen in der Mitten, Stanketten oder Traillen und darüber mit isern Zacken«. An der Judengasse und an der Portalsgasse gab es ähnliche Tore — sie alle wurden bis 1875 »aus Verkehrsrücksichten entfernt« (Clemen). Statt dessen auf unserer Zeichnung die »Radwache«, der Parkplatz für den kleinen Mann, wie es ihn heutzutage — auch aus Verkehrsrücksichten — nicht mehr gibt.

In der Flucht hinter der Radwache der »Spanische Bau«, jener Ergänzungsbau zum Rathaus als »Halle für die Leute im Trocknen mit Bänken an den Mauern« geplant, das bedeutendste profane Bauwerk am Rathausplatz neben dem Rathaus selbst. Kurz nach der Fertigstellung tagte in dem prächtigen Spätrenaissancegebäude 1623 die Spanische Liga — daher der bis auf den heutigen Tag gebräuchliche Name. In den städtischen Akten waren »Neuer Bau« und »Freitagsrentkammer« üblich.

Den »Spanischen Bau« gibt es in nüchternen roten Steinen seit 1956 wieder, mit Ratssaal und Verwaltungsräumen. Und einer bei den Ausschachtungen entdeckten Riesenüberraschung: den Resten des römischen Prätoriums. Hier geht es »mit dem Fahrstuhl in die Römerzeit«.

Radwache
W. WEGENER 36

Hühnergasse

»En dr Höhnergaß zweihundertvier«, sang Willi Ostermann, »em Hingerhus de eeschte Dür — do kloppste an, do geihs de rin, un wenn de nit erus flegs, blievs de drin.«
Die »Höhnergaß« ist den heute Vierzigjährigen schon nur noch von Ostermann oder vom Hörensagen ein Begriff — wir sehen sie nur noch als ein kleines, nichtssagendes Seitengäßchen am Alter Markt. Eine echte Nummer 204 wird es da wohl nie gegeben haben — es sei denn nach der Zählweise der Franzosenzeit, als durchnumeriert wurde und die Glockengasse 4711 beispielsweise den Anstoß für eine spätere Weltmarke gab. Plausibler erscheint die folgende Erklärung: Die Krümmung der Hühnergasse stößt — und stieß früher — auf die Rathausfassade zum Alter Markt hin, und dort im Rathaus residierte im Zimmer Nummer 204 der damals für das Wohnungswesen zuständige Beigeordnete Dr. Wilhelm Greven. Das Fragliche, was in Ostermanns Vers durchschimmert, wäre damit kommunalpolitisch geklärt.
Im Gegensatz zu anderen kölschen Straßennamen (Hahnenstraße, Huhnsgasse) hat die »Höhnergaß« nun wirklich etwas mit Federvieh zu tun: Im weiteren Marktbereich hatten hier die Geflügelhändler ihre Stände. »Unterlan« (unter den Hallen) hieß man sie zeitweilig mit Bezug auf die vorkragenden Überbauten der Gaddemen (Verkaufsbuden). Neuere Historiker haben in diesem Punkt Zweifel, aber Wegeners Impression von der »Höhnergaß« paßt nach wie vor gut zu der alten Version.

W. WEGENER 38

Groß St. Martin mit Fischmarkt

»Der Verlust von Groß St. Martin«, schrieb Hans Schmitt-Rost 1952 in einem Bildband von Köln, »wird uns ewig bekümmern. Jetzt, nachdem von dem gewaltigen Turm nur noch ein trauriger Stumpf übriggeblieben ist, merkt man erst, wie sehr gerade diese Kirche geheimer Mittelpunkt des alten Marktviertels gewesen ist.« — Lange bevor die Domtürme Ende des vorigen Jahrhunderts vollendet wurden, bestimmte Groß St. Martin das vielgerühmte und -gemalte Rheinpanorama. Kirche und Kloster gehen auf eine Gründung von Erzbischof Bruno (953—965) zurück; die Form des heute vorhandenen Bauwerks entstammt der Stauferzeit, und die 1172 geweihte Kirche weist unübersehbare Verwandtschaft mit St. Maria im Kapitol und St. Aposteln auf — die Anlage des Kleeblattchors ist dafür charakteristisch. »Wie ein hohler, ausgebrochener Zahn« — so wirkte St. Martin nach den furchtbaren Zerstörungen des Krieges auf den Betrachter, und doch blieb es nicht beim Plombieren: Bis in die sechziger Jahre dauerten die Restaurierungsarbeiten, aber dann hatte Köln seinen neben dem Dom wichtigsten städtebaulichen Akzent wieder. — Der großartige Turm von St. Martin blickte stets hinab auf das geschäftige Treiben des Fischmarkts, wo sich heute fast der ähnliche Blick auftut wie ehedem; von der malerischen Häusergruppe zu Füßen des Martins-Chores ist zwar nur die Hälfte übriggeblieben, aber die liebevolle Pflege des kleinen spitzgiebligen Ensembles hat sich ausgezahlt: Das »Stapelhäuschen« und seine Nachbarschaft atmen noch den Hauch jener Zeit, als der Rheinreisende Johann Haselberg 1531 schrieb: »Do fand ich ein schönen fischmarckt stohn, der war gespeist für alle welt . . .«

W. WEGENER 38

Alte Häuser an der Lintgasse

Diesen Blick, wie ihn Wegener 1937 einfing, gibt es nicht mehr. Gleichwohl ist die Lintgasse, die parallel zum modernen Martins-Viertel zum Rhein hin verläuft, die nördliche Begrenzung dessen, was als »Altstadt« Kölns übriggeblieben ist, mit ihren charakteristischen schmalen Giebeln unverwechselbares Kennzeichen des Panoramas.
Der Name Lintgasse führt in die Zeit zurück, als hier, in der Rheinvorstadt, mit Fisch gehandelt wurde. Lindenbast wurde hier geflochten für die Fischkörbe, dazu Lindenbastseile zum Verschnüren. Das Haus Nr. 5, im Fachwerk wiedererrichtet, heißt »Zum Seil« und erinnert an jene Vergangenheit.
Das rege Leben und Treiben, das früher die Gegend rund um den Fischmarkt beherrschte, hat sich heutzutage in die Nacht verlagert. Diskotheken-Schummer und Pizzaduft, Schickeria und Touristen, Nachtschwärmer und Trödelmärkte, Jazzkneipen und Schlemmertreffs prägen das Bild. In der Kulisse des alten Köln ein Amüsierviertel beinahe für jedermann.

W.WEGENER 37

Lintgasse 14

»Zum Gyren« oder »Zum Gir« hieß das Haus Lintgasse Nr. 14, von dessen prachtvollem Renaissance-Portal nur die steinerne Umrandung die Zerstörungen überstanden hat. In der Nachbarschaft zeugen einige wenige Portale dieser Art noch vom einstigen Reichtum des Viertels zwischen Altermarkt und Rhein (siehe Abb. S. 49 und 51).
In Nr. 14 wohnte einst der reiche Kaufmann Philipp Gail, dessen Sohn Andreas es zum kaiserlichen Hofrat und kurkölnischen Kanzler brachte. Andere Häuser in der Lintgasse hießen »Zum Huynen« und »Zum Ritter«; Nr. 15 war das Pfarrhaus der Pfarre St. Brigiden — die kleine Kirche neben Groß St. Martin wurde Anfang des 19. Jahrhunderts im Zuge der Säkularisierung abgebrochen. An sie erinnert noch das Brigittengäßchen, wo die von dem Mäzen und kölschen Original Jupp Engels errichtete »Schmitz-Säule« sowie die Bronzeplastiken von Tünnes und Schäl Kölns Geschichte und Leben symbolisieren.

W. WEGENER 39

An der alten Pumpe auf dem Marsplatz

Eine der wenigen Pumpen, die im Bereich des alten Köln erhalten sind, ist die auf dem Marsplatz. Entstehungszeit ist das 18. Jahrhundert, als die Brunnen allgemein durch Pumpen ersetzt wurden. 1811 zählte man 159 öffentliche Brunnen und Pumpen in der Stadt, meist relativ schmucklos ausgestattet wie dieser Pfeiler.

Über die Herkunft des Namens — ähnlich in Marspfortengasse und Obenmarspforten — sind sich die Gelehrten nicht einig. Der Volksmund hat in der Bezeichnung »Bovve Maatspooze« die Erinnerung an die Marktpforte, den Zugang zu den mittelalterlichen Märkten bewahrt und gibt damit eine lebensnah-plausible Erklärung. Nicht von der Hand zu weisen ist aber auch die Ableitung von »Porta Martis«, dem Tor beim Marstempel, der irgendwo beim römischen Prätorium gelegen haben muß. Im ersten Kölner Adreßbuch (1795) taucht die Bezeichnung »Oben Marcktpforten« auf.

Ob »Markt« oder »Mars« — uralter geschichtsträchtiger Boden ist dies allemal. Eine Pumpe blieb als Zeugnis übrig . . .

W. WEGENER 36

Am Hof. Brunnen

Ähnlich wie die Pumpe auf dem Marsplatz (siehe Abb. 37) ist dieser Brunnen vor dem Haus Am Hof Nr. 30 gestaltet. Mit einem Unterschied: Auf ihm sitzt ein Delphin, Resultat der Verzierungsfreude der Louis-Seize-Epoche. Von dem, was Walter Wegener im Hintergrund auf seinem Skizzenblock festhielt, existiert nichts mehr außer der Fluchtlinie.
Am Hof, das heißt nahe dem erzbischöflichen Hof, war früher schon eine gediegene Gegend. Im hohen Mittelalter wirkten hier die Helmschläger, die Waffenschmiede, die Gürtelmacher. Am Hof stand das Haus »Zur Krone«, Kölner Residenz der Herzöge von Brabant und danach als »Brabanter Hof« bekannt. In einigen dieser »Höfe«, übrigens eine höchst unzureichende Umschreibung für bemerkenswerte Palais der Renaissance und des Barock, residierten Dompröpste und Handelsherren, die französische Besatzung und gelegentlich auch der Preußen-König Friedrich Wilhelm III.
So ist der Brunnen mit dem Delphin eine recht bescheidene Erinnerung an jene Zeit. Er steht zudem im Schatten eines jüngeren, aber berühmteren Wasser-Werks: Beim Heinzelmännchenbrunnen, steingewordene Illustration des berühmten Gedichts von August Kopisch (1836), errichtet von E. und H. Renard im Jahre 1899.

W. WEGENER 30

Kammachergasse

Aha, die Kammachergasse! Die Angehörigen der älteren Generation werden beziehungsreich mit den Augen zwinkern — hier blühte nämlich lange das älteste Gewerbe der Welt. Eigentlich war es die Gasse der Kammacher, die Hornkämme für die Wollkämmer herstellten, die ihrerseits in der Kämmergasse saßen. Ganz früher hatte die Kammachergasse auch einmal »Sauerwassergäßchen« geheißen; am Rande der erzbischöflichen Küchengärten soll da Essig produziert worden sein. Helmut Signon notierte: »Die Gerüche, die in dieser Gegend aufkamen, seien es die von der Holzessigdestillation oder vom verbrannten Horn bei der Kammherstellung, mögen dazu geführt haben, daß dort schon früh sich allerhand abspielte, was in angenehmeren Straßen nicht erwünscht war.« Nach dem Krieg spielte sich nichts mehr ab; mit den Trümmern verschwand auch die anrüchige Gasse, jetzt erhebt sich hier das Hotel Mondial.

W. WEGENER 39

Auf dem Brand

Es war sicher nicht die allerfeinste Gegend, das vielfach verwinkelte Quartier zwischen Groß St. Martin und der Hohenzollernbrücke — die Zweckentfremdung der Kammachergasse gibt Kunde davon. Aber in dieser pittoresken Welt blühte echtes kölsches Leben, in dieser Umgebung haben wir uns auch Tünnes und Schäl vorzustellen. Es gab den Großen und den Kleinen Brand, und wieder einmal rätseln die Namensdeuter daran herum, ob die Bezeichnung nun auf Brandkatastrophen hinweist oder ob hier die Äpfel aus dem nahen erzbischöflichen Garten zu Schnaps gebrannt wurden. Der Kleine Brand hieß zeitweilig im Mittelalter auch »Bischofs Fleischhof«.
Verschwunden und versunken ist das alles, eingeebnet im Bombenkrieg, als der große Brand von oben auf Großen und Kleinen Brand niederkam . . .

W. WEGENER 40

Mühlengasse, vom Stapelhaus her

In der Mühlengasse Nr. 21 stand das Haus »zum Schopp«, fünfgeschossig, wuchtig neben seiner eher geduckten Umgebung, eines der höchsten alten Häuser der Stadt. Johann Jakob Hässlin nennt es »ein wahres Ungeheuer, das sich wie ein Turm über die bescheidene Nachbarschaft hinausreckte«. Seine Entstehung datiert aus der ersten Hälfte des 16. Jahrhunderts. Die Mühlengasse führte vom Alter Markt hinunter zum Rhein, wo die Wassermühlen verankert waren, und sie war gesäumt von prächtigen Häusern bedeutender Familien. Die Straße weiter aufwärts auf der rechten Seite lag das Haus Groß-Rosendahl (Nr. 17), dessen kostbare Ausstattung (u. a. die berühmte David- und Goliath-Treppe und Stuckdecken) von der Familie F. W. Brügelmann in die Neubauten ihres Textilunternehmens integriert wurde. Das war in der ersten Hälfte des vorigen Jahrhunderts. Inzwischen geräumt, beherrscht das Brügelmann-Haus fast die ganze Nordseite der Gasse; die Stadt richtet hier ein großes Kommunikationszentrum ein, es wird Theater und das neue Theatermuseum beherbergen. Gegenüber, zu St. Martin hin, regt sich in schlank hochgezogenem, luftigem Beton-Glas-Bauwerk neues Leben auf uraltem Boden: Das neue Martinsviertel, baulich nicht unumstritten, aber endlich ein Schlußstein zur Wieder- und Neugestaltung der Altstadt.

W. WEGENER 49

Mühlengasse, vom Alter Markt her

Die beiden Skizzen Wegeners zur Mühlengasse — einmal der Blick von Osten (Abb. S. 45), einmal von Westen, vom Alter Markt her, sind von 1949 datiert. Der Zeichner hat sich dabei an alte Vorlagen halten müssen, denn um diese Zeit gab es die alte Giebelherrlichkeit nicht mehr. So erkennen wir hier auf der linken Seite die Häuser Mühlengasse Nr. 7 und Nr. 11, jeweils mit Stufengiebeln und Krahnbalken, die bereits 1890 bzw. 1893 abgebrochen worden sind. An der vorderen Ecke stand einmal das Haus Alter Markt Nr. 64 (»Zum Granen«), dessen reichverzierter, figurengeschmückter Stufengiebel allerdings schon das Jahr 1800 nicht mehr erlebte.

WEGENER 49

Portal Salzgasse Nr. 4

Der Name Salzgasse läßt dem Besucher — ebenso wie Fischmarkt oder Lintgasse — den imaginären Heringsgeruch in die Nase steigen; jahrhundertelang wurde hier der wichtige Salzhandel betrieben, für die Fischhändler ebenso wie für die kölschen Haushalte. Das stattliche Haus Nr. 4 allerdings gehörte um 1700 einem Weinhändler namens Anton Haan — auf ihn spielt der Hahn im Schlußstein des Rundbogenportals an. Diese Art der Portalumrahmungen, wie wir sie noch vereinzelt in der Altstadt finden, hat die Forschung als typisch für die Ausgestaltung des Kölner Wohnhauses erkannt, wie es sich seit dem 16. Jahrhundert prägte. So wird gerade die Portalumrahmung von Nr. 4 als ein Beispiel dafür erwähnt, wie bestimmte Schmuckelemente »den Bauwerken größere Individualität« gaben (Clemen).
In unseren Tagen ist die Salzgasse eine der Achsen des Altstadt-Amüsierviertels, und weniger Wein, vielmehr Bier ist hier gefragt. Nach Fisch riecht es wieder und nach anderen südländischen Spezialitäten, nur Anton Haans Haustür ist verschwunden, wie die gesamte Fassade des Bauwerks.

W.WEGENER 34

Portal Salzgasse Nr. 10

Im Gegensatz zur Salzgasse Nr. 4 ist dieses Rokoko-Portal noch zu sehen. Es gehört zum Haus Nr. 10, auf der Ecke Rothenberg gelegen und früher »Zum kleinen Gürzenich« genannt. Wegener zeichnete dieses Motiv 1951 noch einmal — da war der obere Teil blind und seines kunstvollen Geflechts beraubt. Erwähnt ist das Haus um 1768, als es von dem Schiffer Adolf Baur angekauft wurde; die Tür trug dieselbe Jahreszahl und die Initialen A. B.

W. WEGENER 34

Der Gürzenich

Wegeners Zeichnung von 1949 zeigt nicht »den« Gürzenich, sondern dessen Südostecke an der Martinstraße. Es ist ohnehin von jeher schwierig gewesen, das »koestlich dantzhuys« (errichtet 1441—1444) im Blick als Ganzes zuerfassen; es lag mitten im Gewirr von engster Bebauung und Gassen, mit Deutschlands damals größtem Festsaal. Und wenn Kaiser und Fürsten kamen — Friedrich III., Maximilian I. oder Karl V. — wird man ihnen einen Weg durch die umliegenden romantischen Marktstraßen gebahnt haben; von großartigen Auffahrten, wie sie Fürstenresidenzen kennen, war hier nichts zu finden. — Gleichwohl erlebte der Gürzenich vielfach bezeugte glänzende Feste; 1505 einen Reichstag, 1520 ein Festbankett zu Ehren des eben in Aachen gekrönten Karls V., bei dem der mitreisende Albrecht Dürer notierte: »Ich hab zu Cöln auf dem Tanzhaus des Kaisers Carl Fürstentanz und Pankett gesehen am Sonntag zu Nacht nach Allerheiligen-Tag im 1520. Jahr, das war köstlich zugericht.« — Kaiser und Könige kamen auch später noch ins hochgotische Tanzhaus: Friedrich Wilhelm IV. von Preußen und Kaiser Wilhelm II., auch Queen Victoria von England. Da war der Gürzenich lange Zeit zwischendurch Lagerhaus gewesen, weil's wenig zu feiern gab in den schlechten Zeiten bis zur Beendigung der französischen Herrschaft. Dann aber folgten neue goldene Jahre für das Haus mit dem einprägsamen, eigenartigen Namen (nach dem Geschlecht derer von Gürzenich bei Düren, die an dieser Stelle bis 1233 residierten). Die Neuanfänge des Karnevals erlebten hier ihre Höhepunkte, und als Musiksaal und Konzertzentrum errang der Gürzenich Weltruf, wie das Gewandhaus oder das Concertgebouw. Die Niederrheinischen Musikfeste (etwa die von 1821 und 1828) festigten seinen Ruhm; Brahms und Verdi weilten hier, letzterer dirigierte hier sein »Requiem«. Annette von Droste-Hülshoff und Johanna Schopenhauer zeigten sich vom frohen Karnevalstreiben jener Jahre beeindruckt.

W. WEGENER 49

Die Bastei

Den Rheinblick und die faszinierende Aussicht auf die Köln-Kulisse gibt es hier gratis zum erlesenen Menü: Schlemmen am Strom in der Bastei. Sie wurde 1924 von dem bekannten Kölner Architekten Wilhelm Riphan über dem Sockel eines alten Festungsbauwerks errichtet. Sie beherbergt eines der bekanntesten — und anspruchsvollsten — Restaurants der Stadt. An der Bastei ist eine Figur des hl. Petrus angebracht, die einst am Kunibertstor stand, nur wenige Schritte nach Süden entfernt. Früher trug sie die Inschrift: »Ihn riefst du, Herr des Lebens und halfst dem Sinkenden durch den Rachen der Fluth — Droht uns der Tod in den Wellen, dann erinnere sein Bild uns an deine Hilfe.«

Die »Weckschnapp«

Das »Türmchen«, letzter Rest der mittelalterlichen Stadtbefestigung am Rheinufer im Norden, gehörte zur mächtigen Kunibertstorburg, die 1891 geschleift wurde. Das Bauwerk — seine Entstehung wird um 1400 datiert — war der Torburg vorgelagert. Der Volksmund hat es fälschlicherweise mit dem Namen »Weckschnapp« belegt und mit jener gruseligen Sage verbunden, deren — allerdings umstrittener — »wahrer« Kern woanders gelegen haben muß: in einem noch weiter zum Rhein hin gelegenen Turm.
Gleichwohl hat sich die Sage gehalten — von dem Gefängnis, dessen Insassen, vom Hunger geplagt, nach einem Weck schnappten, dabei jedoch durch eine Falltür in einen Schacht voller Messer stürzten und vom Rhein weggeschwemmt wurden.
Zum »Türmchen« — heute ist es mit einem Wohnhaus verbunden — führte in der guten alten Zeit einer der bevorzugten Spazierwege der Kölner. Zumindest das ist geblieben: An schönen Tagen »knubbelt« sich auch heute noch die Menschheit auf dem Uferweg zwischen Hohenzollernbrücke und Bastei.

St. Gereon und St. Christoph

Rund 35 Jahre nach Kriegsende geht St. Gereon wieder der Vollendung entgegen. Kölns einzige noch erhaltene Kirche nachweisbar römischen Ursprungs ist mit unvergleichlicher Zähigkeit und Geduld von ihren schmerzhaften Kriegszerstörungen geheilt worden. Im Januar 1978 fielen im berühmten Dekagon, dem Zehneckbau, die Gerüste: Der kühnste Kuppelbau nach der Hagia Sophia in Istanbul, vergleichbar nur noch mit Brunelleschis Florentiner Domkuppel, wurde wieder sichtbar. Über zehn Millionen Mark waren bis dahin in das bedeutendste Kölner Sakralbauwerk nächst dem Dom zur Wiederherstellung investiert. — Bereits Gregor von Tours bringt die spätantike Kirche mit den Märtyrern der Thebäischen Legion in Zusammenhang; »ad sanctos aureos« wird die Gedenkstätte genannt, wobei die Herkunft dieser »goldenen Heiligen« im Dunkeln liegt, die Verbindung mit dem Thebäerkult bis hinab nach Xanten jedoch unübersehbar ist. Das Mystisch-Mythische konkretisiert sich: 612 ist erstmals die Rede von der »Basilica S. Gereonis Martyris«. Hildebert und Hildebold wurden hier bestattet; die Erzbischöfe Anno und Engelbert veranlaßten den Ausbau der damals bedeutendsten Kirche ihres Bistums; 1227 ist das Dekagon über den Thebäergräbern geschlossen. Fast 1000 Jahre besteht das Chorherrenstift von St. Gereon (bis 1802), wobei die im Zuge der Säkularisierung abgebrochene Kirche St. Christoph die Pfarrkirche des Stifts bildete. — Bildhauerarbeiten und Wandmalereien vom 12. Jahrhundert an gehören zu den Schätzen dieser Kirche; die Krypta mit Sarkophagen der thebäischen Märtyrer ziert ein Mosaikboden aus dem 11. Jahrhundert, in langwieriger Arbeit wieder zusammengesetzt, mit Szenen aus dem Leben Samsons und Davids.

W.

Gereonswindmühle und Stadtmauer

Einer der insgesamt rund 50 Mauertürme der alten Stadtbefestigung hatte als Anbau einen Mühlturm — die Gereons- oder Herrenleichnamwindmühle, urkundlich erwähnt schon 1446. Wegener hat eine der beiden Darstellungen von den Mauerresten am Gereonswall dem holländischen Architekten und Maler Finkenbaum, auch Vingboom geheißen, nachempfunden, der um 1670 sehr vieles Kölnische in seinem Skizzenbuch festgehalten hat; Wegener mit seiner rastlosen Zeichenfeder mag sich vielleicht in ihm wiedererkannt haben. — Die Gereonsmühle ist die Jahrhunderte hindurch mehrfach umgebaut worden; sie wechselte häufig den Besitzer — mal Privatleute, mal die Stadt, es ging hin und her. Heute dient sie jugendlichen Zusammenkünften, wie die »Weckschnapp« am Rhein eine Reminiszenz an das alte Köln intra muros. — Die Wehrtürme oder »Wichhäuser« wurden schon im Mittelalter zu Wohnzwecken vermietet, so auch der zweite noch erhaltene Turmstumpf am Gereonswall, das frühere »Haus Reuschenberg« (Abb. S. 60 und 61), den Wegener 1937 zeichnete. Heute zeugt hier nur noch die Gereonsmühle und ein Stück Mauer von ehedem, nach dem Abriß des alten »Klingelpütz« der letzte Rest Geschichte an diesem Fleck.

DIE GEREONSMUEHLE NACH FINKENBAUM

W. WEGENER 37

W. WEGENER 38

Steinfeldergasse

Im Schatten von St. Gereon hat sich die Steinfeldergasse bis heute ihre anheimelnde Ruhe bewahrt; die Enge weist den Großstadtverkehr ab, hier ist noch ein Rest Muße. »Rue St. Hélène« hat Wallraf in der Franzosenzeit die Gasse getauft, eingedenk der Überlieferung, daß sich hier einst der Garten der heiligen Helena befunden haben soll, der Mutter Konstantins des Großen und legendären Gründerin von St. Gereon. In alter Zeit hieß es hier »Im Quintinsweingart« nach der Kapelle zum heiligen Quintinius, und den heutigen Namen hat die Gasse — wie im Mittelalter — vom Kloster Steinfeld in der Eifel, das wie viele andere Abteien im Kölner Umland für ein geschütztes Domizil in den Mauern der Freien Reichsstadt Sorge zu tragen hatte. Steinfeld wiederum verbindet sich mit den Namen zweier »Kölner« Heiliger: Norbert und Hermann Joseph. — Eher noch wird sich der Kölner an eine Institution erinnern, die sich früher ebenfalls an der Steinfeldergasse befand und aus der sich ein geflügelter Begriff entwickelte: die »Girjunskeß«, im Volksmund auch schlicht »Möhnekonvent« genannt, jenes Frauenaltersheim im ehemaligen Hospital zur hl. Maria Magdalena und zum hl. Alexius, das man bisweilen heute noch den sogenannten »späten Mädchen« scherzhaft ins Gedächtnis ruft.

W. WEGENER 40

Gereonsdriesch

Wie der ganze Bezirk um St. Gereon ist auch der Gereonsdriesch uralter römisch-geschichtsträchtiger Boden; der Name »Driesch« (Dreesch ist etwa gleichbedeutend mit Trift oder Tränke) verdeckt diese Vergangenheit. Schmuck dieses baumbeschatteten Platzes ist die neugotische Mariensäule, die 1858 von Vincenz Statz gestaltet wurde. Bis 1901 stand sie auf der Gereonstraße vor dem Erzbischöflichen Palais; dann wurde sie versetzt und bildete fortan den Mittelpunkt des beliebten, althergebrachten Kölner Blumenmarktes (»Vijülchesmaat«), der traditionsgemäß mit Christi Himmelfahrt begann. Seit ein paar Jahren ist dieses Sonntagsmaler-Sujet verzogen: Der Blumenmarkt findet mittlerweile auf dem Alter Markt statt. Der Gereonsdriesch ist in seine Beschaulichkeit zurückgesunken.

W. WEGENER 40

Maria-Ablaß-Kapelle

Zwischen Versicherungen, Börse und Banken liegt die Maria-Ablaß-Kapelle, von der Zeit gleichsam beiseitegedrängt, für den Stadtbummler eine überraschende Begegnung und eine kleine Oase von Ruhe und Beschaulichkeit. Die Kapelle ist übriggeblieben von der gleichnamigen Pfarrkirche des Stiftsbezirks von St. Ursula, die gleich anderen Kirchen nach der Säkularisation niedergelegt wurde. In alter Zeit zog hier die Palmsonntags-Wallfahrt entlang, auf dem Weg von St. Ursula nach St. Gereon, und hier pflegte der Erzbischof einen besonderen Ablaß zu verkünden.

W. WEGENER 54

Haus In der Höhle 6a

»Das aus dem 17. Jahrhundert stammende Haus«, vermerkt Wegener zu dieser Zeichnung aus dem Jahre 1936, »erhielt in der zweiten Hälfte des 18. Jahrhunderts das schöne Doppelportal im Stil Ludwigs XVI.«. Es handelt sich genau um das erstmals 1270 erwähnte Haus »Zur Schere«. 1773 wurde es neuerrichtet; im 19. Jahrhundert finden wir hier die Seiler-Firma Felten — einer der Vorläufer des späteren Weltunternehmens Felten & Guilleaume Carlswerk in Mülheim.
Berühmte Namen verbinden sich mit diesem Straßenzug, dessen Bezeichnung auf »Hohlweg« zurückzuführen ist; gemeint war der Zugang zur nahegelegenen Sandkaule. So gehörten die Häuser »Zum Grin« und »Zum Carbunckel« dem Maler Stephan Lochner; an der Stelle, wo im Mittelalter das »Bruloffs-Haus«, das Brautfest-Tanzhaus stand, wohnte 1848 Friedrich Engels.
Daß Archäologen und Historiker bei neueren Ausgrabungen »In der Höhle« wichtige Hinweise zur Lokalisierung des römischen Forums gefunden haben, wird dem Fußgänger, der hier das geschäftige Leben der Hohe Straße kreuzt, kaum zum Bewußtsein kommen.

W. WEGENER 36

Treppenpfosten im Haus In der Höhle 22

Das Haus »In der Höhle« Nr. 22, in dem sich die schöne Wendeltreppe mit diesem eindrucksvollen Pfosten befand, trug früher den Namen »Zum Spiegel«. Hier trafen sich um 1580 heimlich die Reformierten; sie lebten damals im »hilligen Kölle«, geduldet als Flüchtlinge, mußten aber bei Strafe der Ausweisung auf organisierte Zusammenkünfte verzichten.

Wendeltreppen in alten Bürgerhäusern — so etwas findet man in Köln heute nicht mehr. Bis auf eine Ausnahme: in dem Haus »Im Bachem« am Großen Griechenmarkt (Abb. S. 87).

W. WEGENER 38

Treppe im Haus Große Witschgasse 13

Aus der zweiten Hälfte des 18. Jahrhunderts stammt dieser Treppenanfänger im Haus Große Witschgasse Nummer 13. Als Wegener ihn skizzierte, schrieb er dazu: »In ihm zeigt sich der ganze Schwung jener heiteren und kunstfrohen Zeit — man könnte sagen, er ist in Holz geschnitzte Mozart'sche Musik.«
Das Haus Nummer 13 ist nicht mehr, die stattlichen Bürgerhäuser, die einst den Charakter dieser Straße im Rheinviertel prägten, sind verschwunden. Aber über das architektonisch Greifbare hinaus lassen zwei Dinge die Geschichte der Großen Witschgasse fortleben: Sie trägt den ältesten nachgewiesenen Straßennamen Kölns (948 urkundlich erwähnt: die »platea wizechini«, Verkleinerungsform des fränkischen Namens Wizo), und hier ist — im Haus Nummer 5 »Zur Viole« — im Jahre 1587 der große niederländische Dichter Joost van den Vondel geboren (gestorben 1679 in Amsterdam). Sein Vater war Mennonit und wie manche andere Geusen vor den Spaniern aus den Niederlanden geflohen. 1596 verließen die Vondels Köln wieder, über verschiedene Stationen gelangten sie zurück nach Amsterdam, aber der Dichter Joost hat seine Heimatstadt nicht vergessen. Sie kehrt in seinem Gedicht »De Rijnstrom« wieder und in der Tragödie »Maeghden«, die von der Ursula-Legende handelt. Und während des Dreißigjährigen Krieges wandte sich der inzwischen katholisch gewordene Dichter in Versform an den Schwedenkönig Gustav Adolf, die »Stadt voll Menschen, Klöstern und Kapellen« zu verschonen. Die Schweden ließen Köln in der Tat links liegen — ob auf Vondels gereimten Appell hin, ist nicht überliefert.

W.WEGENER 36

St. Aposteln

Als Wegener 1951 den eingerüsteten Turm von St. Aposteln auf seinem Block festhielt, hatte er augenscheinlich noch den Blick frei quer über die Trümmerwüste bis fern hin zu den Domtürmen. Der Standort des Chronisten mit dem Zeichenstift und seine Perspektive vermitteln den Eindruck, als habe der Krieg tatsächlich nur den mächtigen Westturm übriggelassen, etwas Melancholisch-Endgültiges ist in dem Bild festgehalten. Der Blick bot sich wahrscheinlich von dem Punkt aus, an dem früher das berühmte Apostelgymnasium stand, wo auch Konrad Adenauer zur Schule ging (heute: Amerikahaus). Daß die Bomben St. Aposteln nicht total zerschmettert haben, entnehmen wir aus Wegeners zweiter Darstellung (von 1955, gesehen von der Mittelstraße aus): Da sind die Konturen der Basilika aus dem 11./12. Jahrhundert schon wieder deutlich auszumachen, wenngleich es noch bis 1975 gedauert hat, bis die Renovierungsarbeiten beendet worden sind. — 965 soll in einer unansehnlichen, altersschwachen Kapelle an dieser Stelle Erzbischof Bruno aufgebahrt worden sein. Erzbischof Heribert richtete hier ein Stift ein, unter Erzbischof Pilgrim wurde um 1030 die Pfeilerbasilika vollendet (Pilgrim wurde 1036 in St. Aposteln beigesetzt). Nach einem Brand 1192 ließ Dietrich von Heimbach den Wiederaufbau durchführen, auf ihn geht weitgehend die heutige Form des Gotteshauses zurück: dreischiffig gewölbt, mit einer Drei-Konchen-Anlage, die zu den schönsten im Rheinland gehört. Wie Groß-St.-Martin ist St. Aposteln ein Zeugnis der Stauferzeit, in einer architektonischen Harmonie, die Maler, Dichter, Philosophen über Jahrhunderte hinweg in Entzücken versetzte. Friedrich Schlegel 1806: »Nicht ein einfacher Tempel, sondern eine stolze Trophäe mehrerer, einer über den anderen sich erhebender Tempel.«

Zeughaus

Trutzig-düster wirkt das Zeughaus auf den Passanten. Der schlanke Treppenturm und das großartige Portal aus der Zeit der Spätrenaissance (zwei Löwen, die das Stadtwappen halten) verraten jedoch noch einiges aus seiner Vergangenheit. Hinter den Mauern des Zeughauses, mit seiner Rückwand basiert es auf der alten römischen Stadtmauer, öffnet sich der Blick in die Schätze des Stadtmuseums: »Die heute so oft isoliert stehenden markanten Bauwerke sieht der Betrachter hier in ihrem historischen Kontext«, schreibt Willehad Paul Eckert. Stadtmodelle und Architekturgeschichte, alte Dompläne und Ausschnitte aus dem Leben unserer Vorfahren — bis hin zur Kölner Wohnkultur von der Renaissance bis zum Jugendstil.

Als Museum diente das Zeughaus schon weit früher, seine Ursprünge hatte es im »Blidenhaus« (Bliden: Wurfgeschoßmaschinen), im hohen Mittelalter eine Rüstkammer der Stadtartillerie. Aber zusammen mit ihren Waffen bewahrten die Kölner hier auch Zeugnisse ihrer Geschichte auf — römische Funde und den hölzernen »Worringer Wagen« aus der Schlacht von 1288, die Rüstungen des legendären Jan von Werth und eine Kanone namens »Unverzagt«, ein Orgelgeschütz mit 42 Läufen, und schließlich die berühmten »zwölf Apostel«, jene Kartaunen, die von den Österreichern 1792 in der Schlacht von Valenciennes geopfert wurden. Bis damals war das Zeughaus schon eine Touristenattraktion — und als die Franzosen seine Schätze nach Paris verbrachten, feierten sie dies als eine ganz besondere Leistung. — Neben dem Zeughaus die Alte Wache, ihm durch einen Gang verbunden, Dokument des preußischen Klassizismus (1840) und Raum für wechselnde Ausstellungen über regionale Geschichte.

W. WEGENER 32

Dreikönigenpförtchen an Maria im Kapitol

Die Legende erzählt, daß Kölns kostbarster Schatz, die Gebeine der Heiligen Drei Könige, durch dieses kleine Tor an St. Maria im Kapitol in die Stadt gelangt sind. Die Figuren der drei Weisen, eine Gruppe aus der ersten Hälfte des 14. Jahrhunderts, ist inzwischen vor Wind und Wetter ausgewichen ins Schnütgen-Museum. Aber auch ohnedem lebt das Dreikönigenpförtchen von einem kölschen Mythos: Immer weiß, gemäß einem in der Nachkriegstrümmerzeit entstandenen Karnevalslied, wenigstens »am Dreikünningepöözje die Oma noch Bescheid«. Wenigstens dieses Motiv jahrzehntealten Sonntagsmalertums war inmitten des Kriegsschutts halbwegs stehen geblieben und bald wiedererrichtet — Orientierungshilfe für Kölner, die sich kaum noch in ihrer Stadt zurechtfanden. Neben dem Pförtchen lag zuvor das Singmeisterhäuschen an St. Maria im Kapitol, beides zusammen mit der Kirche »einer der stimmungsvollsten Winkel des alten Köln«, schreibt Hans Vogts. Hier wohnten einst die Singmeister jener Singschule an der Kapitolskirche, die auf Johann Hardenrath zurückgeht. — Hinter dem »Pöözje«, wenige Schritte die Treppe hinauf, öffnet sich der Bezirk um St. Maria im Kapitol. Bis in die Mitte der siebziger Jahre bot sich dem Betrachter genau das Bild, das Wegener 1970 von der Basilika mit ihrer berühmten Dreikonchenanlage gezeichnet hat: Lange und mühevoll wurden auch hier die Zerstörungen erst allmählich überwunden. Eine »steinerne Liturgie« und ein »Wunderwerk ohne Vorgänger«, so lesen wir bei Hässlin über St. Maria im Kapitol. In der an Schätzen so reichen Kirche die Grabplatte der Stifterin Plektrudis, Gattin Pipins II. (um 689); seither sind viele Stürme über den sogenannten Kapitolshügel hinweggegangen. Aber spürbar geblieben ist der Hauch der Geschichte — ein paar Stufen hinter dem Dreikönigenpförtchen.

W. WEGENER 70

Jabachsaal in der Sternengasse

»Gartensaal mit zweijochigem Sterngewölbe, Fensterwand mit zwei rundbogigen Fensterpaaren und fünf Säulen im Stil der Rathausvorhalle ...« So beschreibt Clemen dieses architektonische Kleinod, das den Rest bildete vom prachtvollen Haus der Familie Jabach in der Sternengasse 25; das Haus selbst fiel 1900 »kölnischem Unverstand« (Signon) zum Opfer und wurde abgebrochen, der Gartensaal hat den Krieg nicht überstanden. Goethe war hier 1774 auf seiner ersten Rheinreise zu Gast, und in »Dichtung und Wahrheit« schildert er seine Gefühle: »Wie ich, überwältigt von den Eindrücken, mich verhielt und benahm, wüßte ich nicht zu sagen. Der tiefste Grund meiner menschlichen Anlagen und dichterischen Fähigkeiten ward durch die unendliche Herzensbewegung aufgedeckt, und alles Gute und Liebevolle, was in meinem Gemüte lag, mochte sich aufschließen und hervorbrechen.« — Die Sternengasse, vielleicht benannt nach einem Haus »Zum Stern«, vielleicht auch von »sternere« (lat. pflastern), vereinigt wie keine zweite Straße Kölns die Erinnerungen an so berühmte Namen: Hier verbrachte Maria von Medici (gestorben 1642), Königin von Frankreich, Mutter Ludwigs XIII. und von Richelieu vertrieben, ihren Lebensabend im Exil; hier wuchs Peter Paul Rubens (1577—1630) bis zu seinem zehnten Lebensjahr auf; hier gab 1778 der knapp achtjährige Ludwig van Beethoven ein Klavierkonzert, und der Maler Wilhelm Leibl (1844—1900) wurde hier als Sohn des Domkapellmeisters Carl Leibl geboren. — Wer heute die Sternengasse sucht, muß genau hinsehen: Zerschnitten ist sie von der Nachkriegs-Stadtplanung, Orientierungspunkte sind ein Fernmeldehochhaus und die Feuerwehr ...

W.WEGENER

Faßbinderzunfthaus

Im Jahre 1396 wird die alte Geschlechterherrschaft in Köln durch die Zünfte abgelöst, 22 Gaffeln bilden das neue Stadtregiment; jeder Bürger muß einer der Gaffeln angehören. Bis zum Ende der reichsstädtischen Ära bleibt diese Ordnung im wesentlichen erhalten; so befinden sich auch etliche Gaffelhäuser rund 400 Jahre im selben Besitz. — Zwischen den beiden Weltkriegen, um 1930, waren noch vier Gaffel- und Zunfthäuser erhalten: das Wollenweberzunfthaus (Mathiasstraße 9), das Schusterzunfthaus (Sternengasse 12), das Metzgerzunfthaus (Heumarkt 45) und das Faßbinderzunfthaus am Filzengraben Nr. 16. Wegener zeichnete seine Vorderansicht für Clemen/Vogts' »Kunstdenkmäler der Stadt Köln«, maßstäblich der Architektur getreu. Das Haus geht auf den Kern des alten Hauses Overstolz zurück (in der benachbarten Rheingasse kündet heute noch das Overstolzenhaus aus dem 13. Jahrhundert als eines der wenigen erhaltenen Patrizierhäuser von alter Kölner Herrlichkeit). 1537 erwarb das »Amt«, als es nach Hermann von Weinsbergs Überlieferung »zu blühen begann«, diesen Bereich. Das Haus Nr. 16 blieb in seinem Besitz bis zur Auflösung der Gaffel 1797. Die prächtige Renaissancefront — das Haus wurde mehrfach umgebaut und instandgesetzt — war noch bis zum Zweiten Weltkrieg zu bewundern. Stadtbaumeister Weyer hatte es 1844 für den Steinbruchbesitzer Carl Ackermann als Miethaus mit großen Etagenwohnungen eingerichtet. Im Bombenkrieg sank das Faßbinderzunfthaus in Schutt und Asche, mit ihm der letzte Rest bürgerlicher Tradition am Filzengraben.

Häusergruppe am Thurnmarkt

»Diese Bauten«, vermerkt Wegener 1939, »stehen rheinwärts auf noch deutlich sichtbaren mittelalterlichen Stadtmauern.« Die Idylle währte nicht mehr lange. Der Thurnmarkt (eigentlich: Turmmarkt) versank in Trümmer. Nach der Jahrhundertwende war sein nördlicher Teil bereits dem Bau der Markthalle am Sassenhof und der Rampe für die Deutzer Brücke zum Opfer gefallen. (Siehe auch Abb. S. 86: Thurnmarkt, Leystapel und Rheingasse).
Erlauchte Gäste haben im Lauf der Jahrhunderte in den renommierten Gasthäusern am Thurnmarkt genächtigt. Goethe wohnte im »Heiligen Geist« am Thurnmarkt 16 im Sommer 1774, wo gute 200 Jahre zuvor schon der Herzog von Alba zu Gast gewesen war. Goethes Reisebegleiter Johann Georg Jacobi notierte: »Unsere Abendmahlzeit war fröhlich. Wir sahen nicht weit vor uns den Rhein, welchen der Mond versilberte, und dessen Geräusch in der Stille der Nacht etwas Feierliches hatte. Das Ende des Abends sollte so schön wie der Morgen sein.« Später wurde aus dem »Heiligen Geist« das Hotel »Royal«. In unmittelbarer Nachbarschaft ein ähnlich bekanntes Haus: Der »Hof von Holland«.
Es gab das Haus »Zum Wolf«, »Zum wilden Mann« und »Zum großen Ochsen«. Letzteres schafft die Verbindung zum Heute: Stätten gediegener Gastlichkeit in einer allerdings leicht verruchten Umgebung.

W. WEGSNER 39

W. WEGENER 36

Blick vom Blaubach auf das Haus »Im Bachem«

Der flüchtige Betrachter wird sich die Augen reiben: Wann soll es denn diesen Blick gegeben haben? Vom Blaubach aus sieht man auf das alte doppelgiebelige Kölner Bürgerhaus »Im Bachem« von 1590, am Großen Griechenmarkt gelegen, dahinter ist, wie über einen Acker hinweg, die Kirche St. Peter zu erkennen.
Die Jahreszahl, die Wegener notiert hat, gibt Aufschluß: 1952 erstreckte sich hier eine einzige Trümmerwüste, noch über Jahre hinweg kam das Leben zwischen den »Bächen« und dem Neumarkt nur allmählich wieder in Gang.
Hier also eine Wanderung nicht durch das alte Köln, sondern auf dessen kargen Spuren in einem Viertel, das früher voller Leben war.
Der Griechenmarkt — benannt nach einer griechischen Künstlerkolonie, die Kaiserin Theophanu im 10. Jahrhundert mit an den Rhein brachte? Der »Kreechmaat« als Stätte des Pferdehandels (kreech = Mähre)? Oder zurückgeführt auf die einst dort ansässige Familie Crieg? Genau weiß man es nicht.
Denkwürdig die Weberschlacht am Griechenmarkt 1371, als Kölns Zünfte die Macht der Weberzunft blutig niederbrachen. Und 1791 erblickte hier ein berühmter Sohn Kölns das Licht der Welt: Jakob Offenbach, später Jacques genannt. Da war er nicht mehr Kneipenmusiker, sondern berühmter Komponist in Paris.

Spätherbsttag an Lyskirchen

Nicht ohne Melancholie ist dieses Bild, wie der gesamte Bereich um die uralte Fischerkirche auch in der Gegenwart noch einen melancholischen Reiz ausübt. Ihre Ursprünge liegen ebenso im Dunkeln wie der eigenartige Name, bei dessen Deutung die Historiker zwischen der Verballhornung des lateinischen »in litore« (am Ufer) und der Patenschaft eines gewissen Lisolfus oder Lysolph schwanken. Der aber taucht in keiner Heiligenlegende auf. Ein Stifter also, ein unbekannter Mäzen? Auf einer Insel lag Lyskirchen früher, Noithausen oder Nothausen genannt, beziehungsreiche Anspielung wohl auf die immer wiederkehrenden Prüfungen von Hochwasser und Eisgang, denen dieser Ort ausgesetzt war. Am schlimmsten ging es beim »schrecklichen Eisgang« von 1784 zu; da machte das Wasser erst unter dem Türsturz des Portals von St. Maria Lyskirchen halt, dicht unter dem Lamm Gottes.

Im Innern wacht die Schiffermadonna (um 1420) über kostbare Zeugnisse alter Kunst, vor allem die Decken- und Wandmalereien aus dem 13. Jahrhundert, die in einem Umfang wie selten sonst einen umfassenden Eindruck von der rheinischen Malerei eines ganzen Jahrhunderts vermitteln. Sie waren lange verborgen — erst Restaurierungsarbeiten im 19. Jahrhundert und nach dem Zweiten Weltkrieg haben sie wieder hervorgeholt.

W. WEGENER 52

Wintertag an Lyskirchen

Zwölf Jahre vor seiner spätherbstlichen Impression von St. Maria Lyskirchen (Abb. S. 89) entstand diese Zeichnung Wegeners: 1940 hielt er diese Ansicht fest — Wintertag an Lyskirchen. Es ist die schmale, versprungene Gasse »An Lyskirchen« mit der Westfassade der Kirche; von der linksseitigen Bebauung, wie sie Wegener sah, ließ der Krieg nichts mehr übrig. Hier stand einmal das Stammhaus des mächtigen Geschlechts derer von Lyskirchen, auch die Overstolz waren hier zu Hause.
Costin Crop hieß er, bald nannten sie ihn »Constantinus superbus«, den großartigen, aber auch den hochmütigen »Crop von Lyskirchen«, der 1396 als Wortführer der Patrizier-»Partei der Freunde« den Kampf gegen die Zünfte verlor. Unmittelbar darauf wurde der Verbundbrief verkündet. Köln hatte die Schwelle zur reichsstädtischen Demokratie überschritten.
Noch einen Konstantin von Lyskirchen finden wir in den Annalen; nicht weniger als zehnmal bekleidete der zwischen 1554 und 1581 das Bürgermeister-Amt. Im Stammhaus seiner Familie arbeitete um diese Zeit schon längst Kölns älteste Buchdruckerei, gegründet 1464 von Ulrich Zell aus Hanau. Seine Bücher trugen den Vermerk »apud lyskirchen«.

W. WEGENER 40

St. Georg

Wie eine Trutzburg, grau, düster dräuend von außen, liegt St. Georg, hineinragend in die Flucht der Severinstraße. Wegeners Zeichnung von der Südseite des wuchtigen Turmstumpfes (um 1188) vermittelt einen ungefähren Eindruck von der Macht dieses Bauwerks, das sogar den Verwüstungen des Bombenkrieges standhielt, als die übrige Kirche in Trümmer fiel.

St. Georg gilt als einzig erhaltene frühromanische Säulenbasilika im Rheinland; sie geht auf eine Stiftsgründung des Erzbischofs Anno zurück (1059) und erhebt sich über den Resten eines römischen Tempelbaus, der vor der Römerstadt an der Ausfallstraße nach Bonn lag. Wem da geopfert wurde? Die Inschrift eines antiken Weihesteins gibt uns nur halbe Auskunft: »... et genio loci« heißt es, dem Genius des Ortes. Den Namen des Gottes hat die Zeit verwischt.

Dicht neben St. Georg stand früher St. Jakob, Pfarrkirche des Ratsherrn und mittelalterlichen Chronisten Hermann von Weinsberg, ohne den Köln weit weniger über sich wüßte. Und schließlich eine Erinnerung an die jüngste Vergangenheit: Im Westchor von St. Georg finden wir Porträts von Märtyrern des katholischen Widerstands gegen die Schreckensherrschaft der Nazis, so von Nikolaus Groß und Bernhard Letterhaus.

W. WEGENER 54

St. Johann Baptist

»Die Ostseite von St. Johann Baptist«, notierte Wegener zu dieser Skizze von 1936, »das Chor der Kirche und der altersschwache Giebel des Küsterhauses bilden eine recht malerische Gebäudegruppe.« Das war einmal; auch hier ließ der Krieg nur Bruchstücke übrig, die mühsam zusammengeflickt werden mußten. So finden wir das Mittelschiff aus der Stauferzeit heute eingebunden in einen nüchternen Backsteinbau. Geschichte und Geschick von St. Johann Baptist sind eng verknüpft mit dem Namen des reichen Handelsherrn und Bürgermeisters Arnold von Siegen (1484—1569), eines Mannes von hohem Kunstsinn, an den heute noch sein Epitaph mit der Auferstehung Christi erinnert.

Malerisch ist zwar heute kaum noch etwas an dem Bezirk An St. Katharinen; aber er wirkt gleichwohl wie eine beschauliche Insel inmitten des großstädtischen Verkehrsgetöses, seitwärts abgeschnitten durch die Auffahrt zur Severinsbrücke. Unmittelbar an Johann Baptist anschließend die Elendskirche, die Familienkirche derer von Groote, entstanden 1765 bis 1778. Ihr Name geht zurück auf den »elendigen Friedhof«, wo Fremde, später auch Hingerichtete und Protestanten beerdigt wurden. Die Betrachtung ihres Westportals mit dem Triumphierenden Tod weckt eine ferne Ahnung von verloschenen Schicksalen.

W. WEGENER 36

St. Johann Baptist, Küsterhaus

Es brauchte lange, bis hier ein Irrtum der Geschichte korrigiert worden ist: Erst in den siebziger Jahren wurde aus der »Spulmannsgasse« wieder die »Spielmannsgasse«. Sehr viel Pittoreskes ist hier, an der Nordseite von St. Johann Baptist, nicht übriggeblieben; einzig der Kruzifixus in der spätgotischen Bildnische, datiert um 1470, ist noch zu sehen. Maria und Johannes unter dem Kreuz sind im Krieg geblieben.
Nein, gespult wurde in dieser Straße nicht, sondern gespielt — fahrendes Volk, Musiker, Gaukler hausten hier. Irgendwann wurde im Volksmund dem »i« ein »u« vorgemacht — warum, weiß niemand.
Einmal im Jahr wird auch in unseren Tagen ein wenig vom alten Geist dieser Gasse lebendig; dann setzt sich die alte Spielleute-Tradition in der stadtbekannten Spillmannsgasser Kirmes fort, pralles, deftiges Vergnügen unter freiem Himmel.

W. WEGENER 36

Karthäuserkirche

Die wechselhafte Geschichte der Kartause scheint vorbeigerauscht, ohne daß der Eindruck von klösterlicher Abgeschiedenheit ganz vergangen wäre. Hinter der Mauer am Karthäuserwall herrscht wieder viel von der Atmosphäre, wie sie Jahrhunderte hindurch — seit Gründung der Kartause 1334/35 — den Klosterbezirk prägte. Zwar ist nicht mehr alles so, wie es war — das links neben dem Chor der Karthäuserkirche anschließende Kapitelhaus wurde ein Opfer der Bomben, ebenso die mittelalterlichen Klosterbauten und die barocken Gebäude. Aber der evangelische Stadtkirchenverband — seit 1923 ist die Karthäuserkirche evangelische Gemeindekirche — hat sich bei der Wiederherstellung des Bezirks, in dem heute das »Haus der evangelischen Kirche« liegt, hervorragende Verdienste erworben. Heute dient die Kartause wieder einer dauerhaften Bestimmung, nachdem ihre alte 1794 ausgelöscht worden war: Da wurde sie zum Militärlazarett der Franzosen, und die Preußen wußten danach auch nichts Besseres mit ihr anzufangen. Aus der Kirche machten sie ein Munitionsdepot. Zwischen den beiden Weltkriegen schließlich residierte in den Klosterzellen zu allem Überfluß das Finanzamt, skurriler Kontrast zum Armutsideal des Ordens, der einst den Grundstein zur Kartause gelegt hatte ...

W. WEGENER 39

Severinstor (nach Mercator, 1571)

Die Mauer, mit deren Bau um 1180 begonnen wird, gibt zugleich den Umriß der dritten Stadterweiterung wieder. »Ad decorem et municionem civitatis« — so der Schiedsspruch Kaiser Friedrichs I., mit dem er einen Streit zwischen Stadt und Erzbischof um den Mauerbau schlichtet — umschließt sie Köln bis gegen Ende des 19. Jahrhunderts, eine machtvolle Befestigung, die mit ihren 12 beeindruckenden Toren als eine der größten und stärksten Europas gilt. Das Severinstor ist vor 1215 als »nova porta« bezeugt; es dient Jahrhunderte hindurch als Hauptzugang in die Stadt von Süden her, im Verlauf der alten Römerstraße nach Bonn. Auf der Darstellung Mercators erkennen wir, der eigentlichen Torburg vorgebaut, das große Bollwerk mit dem vorderen Tor aus dem Jahre 1469, das in mehrfach veränderter Form bis 1896 als »Bastion II« erhalten blieb. Zwingeranlagen dieser Art sind um diese Zeit an anderer Stelle (Weyertor, Hahnentor) schon vorhanden. Vielfach belegt sind die Bemühungen, das Severinstor im Lauf der Zeit wie die übrige Stadtbefestigung immer wieder neu zu sichern, durch Ausbau des Bollwerks und dessen Anpassung an neue Waffentechniken. So etwa 1592, als verordnet wird, der Wehrgang solle so breit werden, »daß man sich mit einer Büchse darin wenden und kehren kann«. — Zusammen mit Ulrepforte, Hahnentor und Eigelsteintor ist die Severinstorburg das letzte überragende Dokument für ein »Werk, das 700 Jahre der Stadt Schutz gegeben und ihrer Größe und Stärke künstlerischen vollendeten Ausdruck gegeben hatte« (Clemen). Geschichtliche Größe und künstlerische Vollendung ist uns in den sechziger Jahren dieses Jahrhunderts im Schatten des Severinstores noch einmal begegnet: Als Amateurarchäologen hier das Grabmal des Poblicius (1. Jahrhundert n. Chr.) im Keller eines Privathauses entdeckten. Heute stellt es eine der großen Attraktionen des Römisch-Germanischen Museums dar.

W. WEGENER

Weyertor (nach Mercator, 1571)

Die Straße, nach der das Tor benannt ist, heißt bei Mercator »die weyher straiß«, Weyerstraße. Durch dieses höchstgelegene, größte und stärkste Tor der Stadtmauer (seit 1232 urkundlich erwähnt) führte der Verkehr hinaus in die Eifel und in Richtung Trier. Als »Rondell vor der Weyerpfortzen« wird 1446 das umfangreiche Vorwerk genannt, das die Bedeutung dieses Tores zusätzlich unterstreicht. 1583 kommt es in der Bürgerschaft zum Streit um Ausbaupläne des Weyertors: Das frühere Vorwerk — wie es Mercator noch gesehen hat — wird abgebrochen; der Neubau zieht sich über Jahre hin. »Die Arbeit wird bald eifrig betrieben, bald wieder verschoben, bald muß sie als baufällig wiederholt oder geändert werden«, heißt es in den Annalen. Einheimische und auswärtige Baumeister, Steinmetzmeister, Artilleriemeister wirken daran mit, aber 1592 ist die neue Ziehbrücke an der Weyerpforte nach kurzer Zeit schon gebrochen und soll durch eine Steinbrücke ersetzt werden; 1599 ist dann abermals von dem »baufälligen Bollwerk« Weyertor die Rede. Nur ein Beispiel dafür, wieviel Mühe der Erhalt und die Pflege der Stadtbefestigung gemacht haben müssen. — Im 17. Jahrhundert entsteht auf einem Teil des Vorwerks eine neue Bastion, auf deren Spitze eine Bockwindmühle steht — Merians Stadtansicht von 1642 zeigt sie. Das nordwestliche Tor ist ein wuchtiges Zeugnis der Renaissance. Bei Paul Clemen lesen wir: »Mit dem alten Vorwerk, dessen Reste beim Abbruch des Tores 1889 in größerem Umfang wieder zum Vorschein kamen, war das Weyertor eine der bedeutendsten Festungsbauanlagen mittelalterlicher Städte und neben dem neuen Bollwerk am Rhein das einzige Kölner Beispiel, bei dem die umfangreiche Festungsbautätigkeit der Renaissancezeit zu künstlerischem Ausdruck gelangt ist.«

W. WEGENER

Bachtor (nach Mercator, 1571)

Das Tor am Weidenbach hatte gegenüber anderen Stadttoren außer üblichen architektonischen Abweichungen eine Besonderheit: Unter ihm führte der Duffesbach, vormals Feldbach, sein Vorgebirgswasser in die mittelalterliche Stadt. Auf Mercators Ansicht ist sein Lauf auf der rechten Straßenseite und im rechten Teil des Zwingers deutlich zu sehen. Der Duffesbach floß lange oberirdisch Richtung Rhein, in den achtziger Jahren des 19. Jahrhunderts wurde er kanalisiert. — Das Bachtor, ebenso wie das nahegelegene Pantaleonstor erstmals 1241 bekundet, verlor später seine Funktionen als Durchlaß und Trutzburg: Der Mittelbau, 1528 zugemauert, wurde um 1730 ebenso wie die Flankentürme gestutzt, und in der Mitte entstand ein 30 Meter hoher Mühlenturm, sich nach oben verjüngend, zur Einrichtung einer Fell-, Zims- und Lohmühle für einen Mühlenmeister namens Mathys Grönlant. Hinfort hieß das Bauwerk Neu-, Pantaleons- oder Bachmühle. Der Mühlenturm brannte um 1860 völlig aus; eine Fotografie, entstanden kurz vor seinem Abbruch 1883, zeigt ihn mit schwarzen Brandspuren. Seitwärts von der früheren Torfahrt und unten im Hof wird Wäsche getrocknet — zur Vervollständigung des Idylls fehlt nur ein sockenstopfender Stadtsoldat der Roten Funken ...

W. WEGENER

Friesentor (nach Mercator, 1571)

1229 zusammen mit dem Ehrentor erstmals erwähnt, führt der Name »Frisinporze« oder »porta frisea« scheinbar mühelos in eine Vergangenheit, die an dieser Stelle eine friesische Kaufmannsniederlassung gesehen haben soll. Signon hat dies bezweifelt: So relativ weit weg vom Rhein . . .? — Das Friesentor ähnelte in der Konzeption dem Severinstor (Abb. S. 101), allerdings war es vor 1528 bis auf einen schmalen Durchlaß vermauert. Gegen Ende des 17. Jahrhunderts entstand ein Kranz von 25 Bastionen auf der Landseite rings um Köln, eine davon beim Friesentor. Als die Stadt nach dem Wiener Kongreß preußisch wird, legen die neuen Herren höchsten Wert auf die Renovierung und Ergänzung der alten Festungsbauwerke. So wird auch die Friesentorburg »bombenfest gemacht«, mit einem Kostenaufwand von 8812 Reichstalern (1816/1819). Bis 1843 lagern die preußischen Planer der alten Stadtmauer noch elf größere Forts vor. — Und dann ist bald das Ende der Stadtbefestigung nah. Zu eng ist es den meisten Bürgern in dieser steinernen Einschnürung geworden; von rund 49.000 im Jahr 1816 wächst ihre Zahl bis 1871 auf über 123.000. Für 12 Millionen Mark übernimmt die Stadt 1880 das Befestigungsgelände vom Militärfiskus und läßt den größten Teil schleifen. Das Gelände ist so teuer gewesen, da muß jeder Fleck Bauland wichtiger sein. Und beim ersten Mauerdurchstich am Gereonshof, am 11. Juni 1881, entlädt sich der lang angestaute — und auch von interessierter Seite geschürte — Volkszorn über die hinderliche Befestigung in jubelnder Volksfeststimmung. Köln gewinnt zu seinen 402 Hektar Altstadt damit 448 Hektar Neustadt hinzu. — Hans Vogts erinnert an den Bayernkönig Ludwig I., der gegen die Niederlegung der Stadtmauern Nürnbergs vorgebracht hatte: »Nürnberg ist einzig. Aber ohne seine Mauern verliert es das Gepräge, das diese Stadt dazu macht.« Doch Köln kann nun wachsen . . .

W. WEGENER

Eigelsteintor (nach Mercator, 1571)

Der Name führt zurück auf die römischen Legionen, die einst über Kölns klassische Nord-Süd-Achse marschierten: Eigel ist »aquila«, der Adler, Feldzeichen vieler römischer Einheiten. Die Torburg, die — seit 1313 erwähnt — den nördlichen Zugang zur Stadt sichert, hat in ihren Grundzügen bis heute überlebt: Sie war, wie Hahnentor und Severinstor, vom Stadtmauerabbruch ausgenommen, auf ausdrückliche Anordnung der preußischen Regierung. Mercators Aufnahme zeigt eine wuchtige Anlage mit starken Flankentürmen; an die Stelle des achtseitigen Vorhofs zur Feldseite hin ist später ein Bollwerk getreten. — Eine Ansicht vor der Wiederherstellung der Torburg 1889/92 nach Plänen des Stadtbaumeisters Stübben zeigt sie in etwas rissig-verwahrlostem Zustand; inzwischen sind die Wunden früherer und neuerer Zeiten geheilt. Sogar der »Kölsche Boor« soll gerettet werden, Frucht einer ideenreichen Bürgeraktion am Eigelstein. Die angegriffene Symbolfigur, 1885 ursprünglich für das Hahnentor errichtet, steht stadtseitig in einer Nische, steinerne Verkörperung der kölnischen Reichstreue, wie die Inschrift kundtut: »Halt fass do kölsche Boor, bliev beim Rich, et fall söß ov sor.« Im Mittelalter — so der historische Zusammenhang — führte Köln als Freie Reichsstadt die Reichsbauerngruppe an — zu ihr zählten auch Regensburg, Konstanz und Salzburg. — Am Eigelsteintor finden wir außerdem das Wrack eines Beiboots des Kreuzers »Köln«, der im Ersten Weltkrieg zerstört wurde. Und schließlich ist die »Eigelsteinspootz« alljährlich zu Karneval stimmungsvolle Kulisse für das Spiel um Jan und Griet, um den Reitergeneral des Dreißigjährigen Krieges und die Magd, die ihn einstmals verschmäht hatte.

W. WEGENER

Botanischer Garten: Die Flora

Als von 1881 an Kölns Festungswälle niedergerissen wurden, bedeutete dies zugleich auch den Verlust der zum Teil gärtnerisch gepflegten Wallanlagen, ehemals beliebtes Erholungsgebiet der Kölner, die in ihren Mauern wenig Grünflächen kannten. Dann aber fielen die gesamten Wallpflanzungen »von Rhein zu Rhein«, und der alte Botanische Garten, hervorgegangen aus dem Garten des Jesuitenkollegs, hatte 1856 dem Bau des heutigen Hauptbahnhofs weichen müssen. — Um so stärker galt das Interesse der Stadtplaner im Zug der Neustadt und später im Verlauf des Grüngürtels Parkanlagen und Gartenflächen. Da gab es am Anfang von Riehl bereits seit 1862/63 die »Flora« und den 1859 gegründeten Zoologischen Garten gleich daneben, die in der Folgezeit größere Erweiterungen erfuhren. So wurden die Gartenanlagen der Flora, eine gartenkünstlerische Privatanlage, 1914 mit dem anschließenden Botanischen Garten der Öffentlichkeit unentgeltlich zugänglich gemacht. Neben der älteren Palmenhalle und einem Konzertsaal jüngeren Datums gab es 1906 am Weiher noch die Anlage des »Frauen-Rosenhofes«. Seinerzeit war die Flora beliebtes Kaffee-Konzert-Ausflugsziel; heute setzt sich die Vergnügungsfunktion fort in Bällen und Karnevalsveranstaltungen.

Die »Kitschburg«

Die »Höfe« spielen in der Geschichte Kriels eine bedeutende Rolle — fast ausschließlich Besitzungen Kölner Klöster und Stifte. Die Kitschburg ist in den Steuerlisten des Jahres 1669 erwähnt; 1715 wird das Besitztum vom Kölner Domkapitular Johann Heinrich Moers dem Kölner Priesterseminar vermacht. 30 Morgen Land gehörten dazu. 1802 fällt der Besitz an die Franzosen, dann nach deren Abzug automatisch an die Preußen. Ihnen kauft der Kölner Bankier Abraham Schaaffhausen die Kitschburg ab und läßt sich 1817 ein Landhaus errichten, das im Zweiten Weltkrieg zerstört wird. Von Schaaffhausen ist jener historische Stoßseufzer über den Anschluß Kölns an Preußen überliefert: »Do hierode mer ävver en en ärm Famillich!« — Die Kitschburg bildete den Kern des beliebten »Stadtwaldrestaurants«, das, nach dem Krieg wiederaufgebaut, inzwischen einem funktionalen Hotelneubau weichen mußte. Zum Besitz der Kitschburg gehörte das heute noch bestehende Gutshaus im Stadtwald mit der Jahreszahl 1759.

Das Krieler Dömchen

Ein wahres Kleinod ist die alte Pfarrkirche St. Stephan im Vorort Lindenthal, im Volksmund nur bekannt als das »Krieler Dömchen«. Ein kleiner, noch immer ländlich wirkender Bezirk umgibt es, ihm gegenüber die alte Dorfschule, nebenan der alte Friedhof. Einst war St. Stephan der geistige Mittelpunkt der »Herrlichkeit Creile« (oder Crele), die als Stiftshof zum Kölner Stift St. Gereon gehörte, urkundlich belegt erstmals 1155. Aber die Ursprünge sind älter, sie gehen auf einen karolingischen Hof zurück, von dessen Existenz neuere Funde Zeugnis abgelegt haben. Mit Karl dem Großen ist denn auch die Sage verbunden, die sich seit langer Zeit mit dem »Dömchen« verbindet: Der Herrscher sei zum Gebet in das Kirchlein eingekehrt und habe dem Priester Hildebold, beeindruckt von dessen schlichter Würde, einen Gulden spenden wollen. Der aber erbat sich von Karl die Haut eines von ihm erlegten Wildes als Einband für sein Meßbuch. Und da zu Köln eben ein Streit um die Bischofsnachfolge entflammt war, bestimmte Karl den Priester Hildebold zum neuen Oberhirten. Hildebold (794 bis 818) wurde später auch des Kaisers Kanzler. — Die ältesten Teile des »Dömchens« reichen zurück in die Zeit um 900; im Mauerwerk finden sich auch römische Ziegelsteine, vielleicht aus der Abbruchverwertung der römischen Wasserleitung. Einprägsam der gedrungene Turm (er stammt wie die Chorapsis aus der Zeit um 1100) und die hölzerne Außentreppe zur Turmempore. An der Südseite deuten Hakensteine noch auf einen früheren hölzernen Anbau hin: Eine Vorhalle als »Gerichtslaube«. Bemerkenswert im Innern eine hl. Anna selbdritt (Kölner Arbeit 16. Jahrhundert) und ein frühromanischer Taufstein. Als Tauf- und Hochzeitskirche ist das »Krieler Dömchen« beliebt und begehrt, weit über den Sprengel hinaus.

W. WEGENER 54

Decksteiner Friedhof

Memoriensteine, die am »Krieler Dömchen« gefunden worden sind, lassen auf einen zumindest karolingischen Friedhof schließen. Jahrhunderte hindurch diente der kleine Friedhof als Begräbnisstätte der Pfarrgemeinde St. Stephan, bis die Zivilgemeinde 1869 — nachdem in Kriel kein Platz mehr war — zwischen Deckstein und Lind (heute Hohenlind) einen neuen Friedhof anlegen ließ. 1917 wurde er für Bestattungen geschlossen; heute ist er ein stiller, erinnerungsvoller kleiner Park in einem ebenso ruhigen, vornehmen Wohngebiet. Wegeners Zeichnung zeigt Grabkreuze vom Ende des 19. Jahrhunderts. — In ihrer Abgrenzung von 1820 hatte die Pfarrei Kriel mit Lind, Deckstein, Stüttgerhof und »Tönneshäuschen« ganze 157 Seelen gezählt. Eine Vergrößerung erfuhr sie durch Verfügung des Generalvikariats von 1838. Darin wird der Pfarrer zu Kriel u. a. mit der Verwaltung »des Neuenhofes, der Ober- und Unterklettenburg, des weißen Hauses, der drei neuen auf der Sülz gebauten Häuser . . . und überhaupt aller etwa künftig zwischen dem nach Efferen bis zum Neuenhof, der Lindenburg, der Chaussee nach Düren bis an die Kitschburg und dem das städtische Gebiet begrenzenden Bischofswege entstehenden neuen Häuser und Etablissements cum omni onere et commodo« beauftragt. Ein trefflicher Umriß der Anfänge heute geläufiger Kölner Vororte.

W. WEGENER 62

Lindenthal, Rückertstraße

Die Rückertstraße gehörte zum Kernbereich des alten Lindenthal, wie es heute, genau wie dieses alte Bauernhäuschen (»Mausbachhäuschen«), nicht mehr erhalten ist. Das »Marienbildchen« in der Falkenburgstraße, einige wenige kleine Häuser in Hohenlind — viel mehr läßt die ländliche Vergangenheit dieses Vororts nicht mehr spüren. Der Krieler Hof und Berndorffs Garten, der Gleueler Bach, die Felder und Wiesen, der alte Decksteiner Weiher — sie leben wie die alten Lindenthaler Originale in einer Erinnerung fort, die der geschätzte Krieler Lehrer Suitbert Heimbach so liebevoll in seinen Schriften festgehalten hat.

W. WEGENER 61

Melaten

Im Jahre 1810 entstand an der Stelle des alten Leprosenspitals, dessen Anfänge in das 12. Jahrhundert zurückreichen, Kölns erster Zentralfriedhof — Ausdruck der Bemühungen in der napoleonischen Zeit um die Verbesserung der Hygiene in der Stadt. Siechenhaus, Kapelle und Hof waren 1474 auf Veranlassung der Kölner im Burgundischen Krieg niedergelegt worden. Aus der wenig später wieder aufgebauten Anlage hat sich die einstige Siechenkapelle bis heute erhalten. Der Friedhof Melaten bietet hervorragende Beispiele der Grabsteinkunst des vorigen Jahrhunderts und zugleich einen reizvollen Einblick in die Geschichte berühmter Kölner Familien. — Melaten und Tod waren schon immer miteinander verbunden: Hier wurden im Mittelalter in Köln verhängte Urteile vollstreckt, und der Pächter vom Hof Melaten hatte die Verurteilten auf seinem Karren aus der Stadt zu holen. Hier fanden zum Beispiel im 16. Jahrhundert die evangelischen Prediger Adolf von dem Busche, genannt Clarenbach, und Peter Fliesteden (»wegen mutwilliger Verspottung katholischer Gebräuche«) als Märtyrer für ihren Glauben den Tod durch Verbrennen.

W. WEGENER 63

Weißhaus

Der Hof Weißhaus zählte zu der Gruppe der Sülzer Höfe, die sich im Besitz der Abtei St. Pantaleon befanden — der älteste war der Sülzer Fronhof — auch Neuenhof — (bezeugt 1145). Weißhaus (»zo dem Wyssenhuys«) wird 1474 eingeäschert, dann wiederaufgebaut und von Konrad von Deckstein bewirtschaftet. Bayerische Reiter brennen 1584 »dem abt s. panthaleon den vorhoff am Weisenhaus« ab. Auf dem Hof Weißhaus — in der zweiten Hälfte des 17. Jahrhunderts als »villa in Wissenhaus« zum Sommerhaus der Äbte von Pantaleon wiederhergerichtet — wurde in erster Linie Getreidewirtschaft betrieben, aber auch Wein ist zeitweilig angebaut worden. Wir wissen dies, weil die Annalen die Entlassung eines Weingärtners im Jahre 1623 festhalten, da dieser dem eigenen Produkt zu heftig zugesprochen hat. — Unser für den Passanten von heute ungewöhnlicher Anblick zeigt das Weißhaus, das einzige so nah beim alten Stadtkern gelegene Wasserschloß, von Westen her. Wer die Luxemburger Straße entlangfährt, sieht nur von ferne über die Mauer und zwischen altem Baumbestand das Weißhaus herüberschimmern. Die gotische Kapelle entstand 1856 auf Betreiben des damaligen Eigentümers Johann Adam Jansen unter Leitung des späteren Dombaumeisters Vincenz Statz (1818—1898); sie wurde 1857 von Kardinal Geissel geweiht. Jansen erhielt das päpstliche Privileg, hier täglich — außer Weihnachten, Ostern, Maria Himmelfahrt — eine Messe lesen zu lassen. Für die damalige Zeit übrigens nicht außergewöhnlich: Ein ähnliches Privileg erhielt 1871 auch die Hauskapelle der Kitschburg (Abb. S. 111).

Wegekreuz Raderberg

»Christus hat für uns gelitten und euch ein Beispiel hinterlassen« — dieses Zitat aus dem Petrusbrief schmückt ein Wegekreuz an der Gabelung Kierberger Straße und Kreuznacher Straße zwischen Raderberg und Zollstock. Errichtet wurde es »im Jahre des Heils 1862 von der Gemeinde St. Severin am 14. September«. Linden und Kastanien schützen den Kruzifixus heute nicht mehr; inmitten eines kleinen Beetes ragt das Kreuz neben dem Bordstein auf. Seinerzeit, als es errichtet wurde, vielleicht aus Anlaß einer Feldprozession, dehnte sich vor dem Severinstor bis hinaus an die Stelle, wo heute der Großmarkt liegt, weitgehend unbebautes »plattes Land«.

W. WEGENER 62

In Bocklemünd

Wegeners Notiz zu dieser 1960 entstandenen Zeichnung: »Am Eingang von Bocklemünd erhebt sich ein stattlicher Bauernhof. 1778 steht in Mauerankern an dem in die Straßenflucht eingereihten barocken Giebel des Hauptgebäudes. Sehr eindrucksvoll ist auch die große Toranlage, die zwischen Haupthaus und Wirtschaftsgebäude das schöne Gehöft abschließt.« — Inzwischen ist die eindrucksvolle Toranlage vermauert; der Weyerhof, so heißt dieses Gut an der Stelle, wo die Grevenbroicher Straße von der Venloer Straße ins untere Dorf abzweigt, liegt dicht an einer Hauptverkehrsachse, die zwischen ihm und dem gegenüberliegenden Fettenhof hindurch tagtäglich Tausende von Pendler-Fahrzeugen verkraften muß. Einstmals war der Hof im Besitz des St.-Heriberts-Stifts (bei St. Andreas). Für Bocklemünd gilt wie für viele Vororte, die nach und nach ihren ursprünglich ländlichen Zuschnitt verlieren: Wo sich Verkehr, Wohnungsbau und Zweckbauten ins Land fressen, steht die Beschaulichkeit auf dem Spiel. — Südlich von Bocklemünd, beim Gut Vogelsang, fand man einst Spuren der Bandkeramiker (um 3000 v. Chr.). Bocklemünd gehört schon 941 zum Stift St. Cäcilia in Köln. Die Kreuzigungsgruppe in der Bocklemünder Kirche vergleicht die Kunsthistorie mit prominenten Beispielen der niederrheinischen Skulptur (15./16. Jahrhundert).

O. WEGENER 60

Bickendorf: Rochuskapelle

Einsam und beiseite gedrängt liegt das Kapellchen inmitten des Verkehrsflusses, angenagt von Abgasen und Straßenschmutz, unscheinbar — und scheinbar überflüssig geworden. Als es entstand, der Kölner Domherr von Mering errichtete es gegenüber seinem Gutshof, war hier freies Feld (1733). Bauernhäuser machten dieses alte Bickendorf aus, und für die Kölner lag der Ort schon arg weit vor der Stadt. Einmal im Jahr zogen sie allerdings hier entlang in den Ossendorfer Busch, in den »pfingsthilligen Tagen«, wie berichtet ist, die sie mit »schießen nach Foegel und Papegeie in schoner Rüstung und geweren« feierten. Der Weg von der Stadt zur Rochuskapelle führte damals durch Lehmgruben; die erst im letzten Jahrhundert entstandene Stadt Ehrenfeld, mit ihrer rasant aufblühenden Industrie und ihren aneinandergereihten endlosen Häuserfronten 1888 nach Köln eingemeindet, wurde auf ihnen gegründet. Die Rochuskapelle, das letzte alte Wegzeichen im Großstadtverkehr der Venloer Straße, bedarf heute dringend der Rettung. Schon 1953 hatte Wegener zu unserem Bild geschrieben: »Es müßte bedacht werden, einem solchen Kleinod baugeschichtlicher Vergangenheit die für seine ländliche Eigenart notwendige freie Umgebung zu sichern.« — Eine Mahnung, die im Bauboom ungehört verhallt ist.

W. WEGENER 53

Niehl: Alte Dorfkirche

»Die entzückende kleine Kirche könnte nach dem Modell des Krieler Dömchens gebaut sein: die gleichen Proportionen, der gleiche markige Turm, der gleiche malerische Effekt«, schreibt Johann Hässlin über die alte Niehler Dorfkirche St. Katharina. Malerisch-romantisch war Niehl in der Tat seit eh und je, bis die Industrie nach diesem uralten Fischer- und Bauerndorf griff und die Idylle zurückdrängte, die sich noch in den schrägen Gassen im Weichbild des trutzigen Gotteshauses aus dem 12. Jahrhundert erhalten hat. 1236 wird die Kirche als im Güterbesitz des Kölner Kunibertsstifts befindlich bezeichnet: von 1260 datiert die Einweihung eines neuen Hauptaltars. Die Beschaulichkeit früherer Jahrhunderte dort, wo die Straßen »Auf der Seekante«, Schifferstraße oder Lachsgasse heißen, drückt sich in einer Inschrift des Kölner Domherren und Rechtsprofessors Franz Josef von Hillesheim (gestorben 1803) aus, der Niehl als Wohnsitz vor der Stadt erkoren hatte: »Ade, ihr städtischen Sorgen, Liebreiz und Anmut umgeben mich hier.«

W. WEGENER 37

Worringen: Gerichtslinde

Die Zeit hat an ihr genagt, und es sieht aus, als sei vielfach der Blitz in sie gefahren. In ihrem Stumpf steckt eine riesige Plombe, und das Astwerk ist mit Gestänge zusammengehalten. Davor ein Stifterkreuz aus der zweiten Hälfte des 17. Jahrhunderts. — Kaum ein Datum hat sich uns im Geschichtsunterricht nachhaltiger eingeprägt als die Jahreszahl 1288 und die Schlacht von Worringen: Als der Kölner Heerbann unter Gerhard Overstolz, verbündet mit dem Grafen von Berg und dem Herzog von Brabant, die Truppen des Kölner Erzbischofs Siegfried von Westerburg entscheidend schlägt. Damit ist der lange verdeckt und offen geführte Streit um das Regiment in der Stadt beendet, künftig residiert der Kölner Erzbischof außerhalb Kölns, das seine Geschicke selbst lenkt und nur noch der Gerichtsbarkeit des geistlichen Herrn untersteht. Die Stadt betreten darf er nur mit Erlaubnis der Bürger. — Worringen wird erst in der Neuzeit kölnisch; die Bürgermeisterei mit ihren ausgesprochen ländlichen Gemeinden kommt im Zuge der von Oberbürgermeister Adenauer energisch betriebenen Eingemeindung am 1. April 1922 zu Köln, das damit zur drittgrößten Stadt Deutschlands aufsteigt.

W. WEGENER 60

Winter in Rodenkirchen

Rodenkirchen hat trotz mannigfacher Zerstörungen und reger Bautätigkeit im Ortskern vornehmlich im Weichbild der Maternuskapelle etwas von seiner verschlafenen Beschaulichkeit bewahren können (Barbarastraße, Auf dem Brand, Rheinstraße). Der 1975 nach Köln eingemeindete Ort ist im Sommer der große Anziehungspunkt im Süden der Stadt, dann blickt das »Kapellche« auf Scharen von Spaziergängern und Zechern hinab. — Einen »großen Zulauf von Volk« bemerkte schon der Engländer Thomas Coryate, der 1609 von der Verehrung des hl. Maternus in einer kleinen Kirche »eine Meil diesseits Colen« zu berichten weiß. Maternus ist der erste für Köln erwähnte Bischof (313, zur Zeit Konstantins); die Legende allerdings macht ihn zu einem Schüler des Apostels Petrus, der an Mosel, Maas und Rhein missioniert hat und um dessen Leichnam sich die von ihm 40 Jahre lang zugleich verwalteten Bistümer Trier, Köln und Tongern streiten. In Köln soll er dieser Legende nach 128 gestorben sein, und den Streit, so weiß die Legende, »entschied Gott durch ein Wunder. Ein Schiff ohne Ruder und ohne Bemannung trug den toten Bischof rheinaufwärts bis Rodenkirchen, wo die Trierer frohlockend seinen Leichnam in Empfang nahmen und im Triumphzug heimführten . . .« — Früher kamen Pilger in feierlicher Schiffsprozession über den Rhein zum »Kapellchen«, dessen Ursprünge bis in die Merowingerzeit zurückreichen; heute noch erinnert alljährlich die »Maternusoktav« Mitte September an diesen Brauch.

W. WEGENER 40

Rodenkirchen: Rheinufer

Mit seinen Bootshäusern und Yacht-Ankerplätzen, mit Kapellchen, mit dem berühmten »Treppchen« und anderen Rheinterrassen verfügt Rodenkirchen über die schönste Rheinpartie von Köln, mit den Domtürmen als ferne Kulisse. Ein Aquarell Scheiners von 1890 — er wählte ungefähr den gleichen Standort wie Wegener — zeigt einen stromauf ziehenden Schleppzug, der sanfte Wellen an das damals noch unbefestigte Ufer wirft. Um diese Zeit hat die Dampfschiffahrt die Rheinhalfen von Rodenkirchen bereits arbeitslos gemacht, die für das Treideln rheinaufwärts ehedem die Pferde hielten. — Um die Jahrhundertwende brachten die »Müllemer Böötche« die erholungshungrigen Kölner zum berühmten Rodenkirchener Strandbad oberhalb des Ortes. Heinz Weber weiß in einer seiner köstlichen kölschen Episoden vom heißen Sommer 1911 zu berichten, als »Minsche üvver Minsche« sich hier in einer »Wolk vun Stöpp un heißer Luff« erholen wollten. Und weil gegen Abend der Bötchensbetrieb zusammenbrach, stellte das erboste Publikum dem »schääle Weller«, dem Billettverkäufer, das Verkaufsbüdchen kurzerhand auf den Kopf . . .

Alter Bauernhof in Deutz

Wenn alte Deutzer an das alte Deutz denken, kommen ihnen die Tränen. Nicht einmal hundert Jahre reichten aus, um die Attraktion auf dem anderen Rheinufer in eine unattraktive Mischung aus Messehallen, Industriebauten und Verkehrssträngen zu verwandeln. Die römische Gründung, mit Benediktiner-Abtei und Heribertkirche, lag Jahrhunderte hindurch ungeschützt im Kräftefeld der Mächtigen — Spielball zwischen der Reichsstadt Köln und ihren Erzbischöfen, zwischen Kölnischen und Bergischen, untaugliches Bollwerk gegen die Schweden im Dreißigjährigen Krieg, schließlich preußische Festung . . .
Dabei zog es die Kölner Bevölkerung immer wieder auf die »Schäl Sick«, die zeitweilig eine Art kölsches Trastevere war. Weinkneipen und Bierhäuser, die berühmten Gaststätten »Marienbildchen« (hier steht heute die Lufthansa-Hauptverwaltung) oder »Prinz Carl« waren beliebte Anziehungspunkte.
Bis zum großen »Eisenbahnjammer«: 1884 wurde Deutz durch die Bergisch-Märkische Bahn total vom Rhein abgeschnitten, ein sinnloser Tribut an die Technik. Auch nach der Verlegung der Bahn hat sich der Ort nie mehr von diesem Einschnitt erholt. Seine Bewohner, vom Schicksal so oft benachteiligt, trösten sich heute gelegentlich noch mit dem großartigen Kölner Rheinpanorama und dem Spruch: »Die Kölsche hann zwar dä Dom, ävver mir künnen en sinn!«

W.WEGENER 40

Kürassierkaserne Köln-Deutz

Nachdem Preußen das Regiment über Köln übernommen hatte, brauchten seine Truppen neue Unterkünfte; in der eben zu Ende gegangenen Franzosenzeit hatten die Soldaten noch meist in ehemaligen Klöstern gehaust. — Sichtbarer Ausdruck preußischen Machtstrebens und Soldatengeistes sind daher die nach 1815 in Köln errichteten Militärbauten, so die Infanteriekaserne am Neumarkt, die bis 1910 bestand, und vor allem »künstlerisch bedeutender« (Clemen) die Kavalleriekaserne in Deutz, im Stil des preußischen Klassizismus zwischen 1819 und 1823 von Hampel und von Biercher, einem Schüler Schinkels, errichtet. Die Kaserne beherbergte zunächst das Dragonerregiment Nr. 4, ab 1850 dann das Kürassierregiment Nr. 8, die sogenannten »Mählsäck«, die vornehmlich wegen ihrer schmissigen Musik allmählich von der Bevölkerung ins Herz geschlossen wurden. Mancher Kölner hörte sich die Musik im »Prinz Carl« von der Schiffsbrücke aus an — nach Entrichten von zwei Pfennig Brückengeld. Diese preiswerte Art von Kunst-Konsum hieß im Volksmund »Zweipennings-Kunsäate«. — 1929 wurde die Kürassierkaserne zum Rheinischen Museum umgebaut; 1957 machten die Reste Platz für den Bau des Landschaftsverbandes Rheinland, Nachfolge-Körperschaft des alten rheinischen Provinzialverbandes.

Köln-Rath: Barocke Burgkapelle

Die achtseitige Kapelle stammt von 1741; zwei Jahre später hat sie der Abt von Siegburg geweiht. Sie diente als Hauskapelle und Erbbegräbnis der von Lützerode zu Rath, die als Herren von Haus oder Burg Rath zum ersten Mal 1555 urkundlich genannt sind. Das Herrenhaus fiel 1870 einem Brand zum Opfer, nachdem es um 1820 von den Lützerodts in den Besitz der Freiherren von Geyer übergegangen war.
Spätere Eigentümer waren der Kölner Geheimrat Mevissen und die Familie von Stein. — In der barocken Kapelle wird heute noch Sonntagsgottesdienst gehalten.

Rath-Heumar: Am alten Turm

Der kleine romanische Turm aus dem 12. Jahrhundert ist allein von der alten Pfarrkirche zu Heumar geblieben. Im Jahre 1147 wird hier in Verbindung mit dem Hof der Abtei Deutz eine Kapelle erwähnt; es handelte sich um eine Filialkirche von Urbach. — Die Bemühungen von Krieger- und Bürgerverein bewahrten das Heumarer Wahrzeichen Anfang dieses Jahrhunderts vor dem Verfall. Dazu fanden sich die Bürger von Rath und von Heumar einträchtig über eine kuriose Grenzlinie hinweg zusammen: Denn vor der Eingemeindung 1975 gehörte Heumar zur Gemeinde und späteren Stadt Porz, Rath hingegen zu Köln, was zu mancherlei merkwürdigen Umständen führte. So sorgten diesseits und jenseits der Gemeindegrenzen verschieden uniformierte Polizisten für Ordnung, und in Rath verdienten die Lehrer zwei Stufen besser als in Heumar. In einem früheren Text zu Wegeners Zeichnung von 1931 heißt es: »Zur Zeit der Lebensmittelrationierung teilte der Schulleiter im Auftrag der Stadt Köln den Rather Bürgern die Brotkarten aus und fristete selbst sein Leben mit Porzer Versorgungsmarken. Daß aber Schneppensiefens Dores, dem die Gemeindegrenze mitten unterm Bett hergeht, sowohl nach Köln wie nach Porz Steuern zahlen soll, das schlägt, wenn's wahr ist, dem Faß den Boden aus!«

W.WEGENER 31

Alter Kirchturm von Flittard

Im nördlichsten Kölner Vorort auf rechtsrheinischem Gebiet liegt die Pfarrkirche St. Hubertus mit ihrem im 12. Jahrhundert entstandenen dreigeschossigen Westturm aus Tuffstein. Clemen nimmt an, daß die Kirche von Flittard neben derjenigen in Niederzündorf — entgegengesetzt nahe der südlichen rechtsrheinischen Stadtgrenze — die älteste im ehemaligen Landkreis Mülheim gewesen ist, wahrscheinlich merowingisch-karolingischen Ursprungs. Im Jahre 989 überweist Bischof Evergus Besetzung und Kirche in »Fliterthe«, die bis dahin St. Kunibert in Köln unterstand, an das Stift St. Martin in Köln. — Das Langhaus von St. Hubertus, zuletzt erneuert 1768, wurde 1897 durch einen Neubau ersetzt.

W. WEGENER 67

Mülheim: Kirchstraße

Dreimal die malerische Kirchstraße in Mülheim (siehe auch Abb. S. 146 und 147): Zweimal vor dem Krieg, einmal danach (1963). Wegener bemerkt zu der dritten Zeichnung: »Es ist fast das alte Bild, nachdem die Kirche, das Pfarrhaus und das Haus zum Pelikan wiederhergestellt sind.« Die Clemenskirche war von altersher der Mittelpunkt des pittoresken Rheinviertels von Mülheim, das über den Rhein grüßende unverwechselbare Kennzeichen dieser Stadt. In den Anfängen bis ins 12. Jahrhundert zurückreichend, wurde sie 1414 vom bergischen Herzog Adolf VII. neu erbaut. 1629 und 1692 ist sie erweitert worden. Unter Schäden aber hat sie bis auf den heutigen Tag zu leiden. Schon 1755 berichtete ein Kölner Baumeister als Gutachter, er habe den Turm »in so baulosem Stand befunden, daß er alle Uhren und Stunden drohet, über den Haufen zu fallen«. Für 435 Reichstaler sei der Schaden zu beheben. — Was der Krieg und später die ständigen Verkehrserschütterungen an St. Clemens anrichteten, muß für mehr als das Tausendfache an Mark beseitigt und repariert werden: 1960 von den Kriegsschäden geheilt, wurde die Clemenskirche, traditionsgemäß Mittelpunkt der berühmten Mülheimer Schiffsprozession, 1978 geschlossen. Setzungsrisse zeigten sich, der Putz fiel ab, der Dachstuhl war schadhaft. Beispielhafter Bürgersinn trug seither zur Renovierung bei: Da werden Karnevalsschallplatten zugunsten der Kirche verkauft und künstlerisch wertvolle »Bausteine«, da werden Uferfeste veranstaltet, bei denen sogar Türken dem Pfarrer von Liebfrauen — St. Clemens ist heute eine Nebenkirche — unversehens 400 Mark bringen, die sie bei ihren Landsleuten gesammelt haben. — Den Blick in die Kirchstraße flankieren die wiederhergestellten Häuser Mülheimer Freiheit 31 und 33 (rechts: das aus dem Jahre 1756 stammende Rokokobauwerk »Zum gulden Pelikan«, links das alte Pfarrhaus), Teil des kärglichen Restes stattlicher Mülheimer Bürgerhäuser, die den Bombenkrieg überlebt haben.

W.WEGENER

W. WEGENER 35

W. WEGENER 63

Alt-Mülheim

Im Jahre 1802, so zitiert bei dem Mülheimer Heimathistoriker Johann Bendel, heißt es in den »Beyträgen zur Statistik des Herzogtums Berg« über Mülheim: ». . . ist eine nicht weit von Cöln sehr angenehm gelegene offene Stadt und wird mit ihrem kleinen Gebiethe die Freyheit Mülheim genannt. Hier gibt es allerley Gewerbe und Handlungen. Das vorzüglichste ist die Sammet und Seiden Manufaktur des Kommerzienrathes Andree; eine der weit ausgedehntesten im Herzogthume Berg. Ansehnliche Gerbereyen, eine Seifen-Siederey, Tobacksfabriken, Spezerey-Handlungen, Wein-, Holz-, Früchte- und Eisenhandel beleben diese Stadt; auch ist sie zu Speditionsgeschäften für den Rheinstrom vortrefflich gelegen, konnte aber wegen der bisherigen Gewaltthätigkeiten der nahe gelegenen Stadt Cöln dasjenige nicht erreichen, wozu ihre natürliche Lage sie berechtigt . . .« Ein anderer Chronist um dieselbe Zeit, etwa 1800: »Diese Stadt hat ungefähr 400 wohlgebaute, meist prachtvolle Häuser und etwa 2400 Einwohner. Die Straßen sind alle gepflastert und werden fleißig rein gehalten. « — Unser Bild (der umgekehrte Blick in die Kirchgasse) mag davon noch ein wenig kundtun. Im 19. Jahrhundert hatte Mülheim als aufstrebende Industriestadt seinen Stand gefunden — um 1914 dann doch nach Köln eingemeindet zu werden. Die argwöhnischen Kölner hatten den aufstrebenden Nachbarn jahrhundertelang niedergehalten, und immer wieder führen die Chroniken Klage darüber, daß Mülheims Befestigungen auf Kölns Betreiben hin geschleift werden mußten. »Molenheym, dat do in mynschen gedencken nye me geseyn noch gehoirt enwas, so schonen dorp was dat«, rühmt schon die Koelhoffsche Chronik (1499). Den Mülheimern von heute ist wenig mehr als solch wohltuende Geschichte geblieben.

W. WEGENER 36

Mülheim: Rheinviertel

Ein kleines Gartenhäuschen eines ehemaligen Patrizierhauses an der Mülheimer Freiheit auf der Rückseite zum Rhein hin weisend, ein »malerischer Winkel« in diesem an Malerischem so reichen Rheinviertel waren für Wegener 1937 Objekte liebevoller Betrachtung. Und heute? Die Bomben haben ihr Werk getan, nachdem zuvor schon der Brückenbau (1927/28) Alt-Mülheim in zwei Teile zerschnitten hatte. Was den Krieg überdauert hat, ist häufig angenagt vom Zahn der Zeit. — Das war schon oft Mülheims Schicksal: Was Kriege nicht zerstörten, fiel der Naturgewalt zum Opfer. Wie Johann Bendel, bezogen auf die unvorstellbaren Schrecken der »Eisfahrt und Überschwemmung« im Jahre 1784, es ausdrückt: »Es ist eine alte Wahrheit, daß man von der Seite das größte Leid erfährt, von der die meisten Freuden kommen.« Der Rhein war stets Mülheims Lebensader, wie die von Köln. Dann aber brach die Katastrophe über den Ort herein, wie auch über viele andere Siedlungen am Rhein, und im Bewußtsein der Bevölkerung blieben die Schrecknisse lange unauslöschlich haften. So wurden die Ereignisse der »erschröcklichen Eisfahrt« über Generationen hinweg weitergegeben, etwa von dem Französisch-Lehrer Berger, »der selbst vieles mit gesehen, gehöret und empfunden hat«. Am 27. und 28. Februar riß der Strom, unter einer festen Eisdecke soviel Hochwasser führend wie nie zuvor, 161 von 420 Häusern der Stadt hinweg, 100 wurden schwer beschädigt, und in den Fluten kamen 21 Menschen, davon 9 Kinder, ums Leben. Die Kölnischen, die von fern den Eindruck haben mußten, Mülheim sei gänzlich versunken, hatten selbst unter dem Eisgang genug zu leiden. Aber sie halfen dennoch den Geplagten stromab: »Die dasigen protestantischen Kaufleute sandten 1000 Brode, denen katholischer Seits vom Herrn Generalvikarius noch 300 folgeten . . .«, schreibt Berger in seinem ergreifenden Dokument. Viele andere halfen ebenfalls — und Mülheim begann, wieder aufzubauen . . .

W. WEGENER 37

Mülheim: Friedenskirche und Wallstraße

Ein Plan von Mülheim um 1800 zeigt noch die geradlinigen Begrenzungen der alten Stadt: Bis auf einige Ausbuchtungen im Siedlungsbild ist dies im Osten die Wallstraße, im Westen der Rhein, in der Mitte durchzieht die Mülheimer Freiheit den Ort. An der Wallstraße steht die Friedenskirche. Sie ist Nachfolgerin der ersten lutherischen Kirche Mülheims. 1615 wurde sie zerstört, 1680 neuerrichtet an der Turmgasse, aber 1784 schwemmte sie die Eisflut hinweg. Noch im selben Jahr wurde Baumeister Helwig mit dem Wiederaufbau beauftragt — diesmal an der Wallstraße, nicht mehr im Überschwemmungsgebiet. Er entwarf einen achteckigen klassizistischen Zentralbau, dem der Kölner Dombaumeister Zwirner 1845 einen Turm hinzusetzte. — In unseren Tagen präsentiert sich die Friedenskirche nach ihren Kriegszerstörungen geheilt und bekundet in aller Schlichtheit die Tradition des Protestantismus in Mülheim, wo die neue Konfession 1610 festen Fuß faßte. Die »Possedierenden«, die um das clevische Erbe streitenden Johann Sigismund, Kurfürst von Brandenburg, und Wolfgang Wilhelm, Pfalzgraf von Neuburg, hatten ein entsprechendes Privileg erteilt, »und der Cölner Rat mußte nun zusehen, daß Cölner Bürger in Scharen zu der evangelischen Predigt in Mülheim strömten«, schreibt Bendel. — Damals gewann Mülheim »viele Hundert der besten Bürger«, und sie waren es, die am Aufschwung Mülheims maßgeblich mitwirkten, dem 1714 der überaus beliebte Kurfürst Johann Wilhelm II. von der Pfalz (»Jan Wellem«) die Freiheit jeder Religionsausübung verbriefte. Wen ein ängstlicher Kölner Rat vor die Tore wies, der fand in Mülheim Toleranz und ein weites Feld für unternehmerische Tüchtigkeit.

W. WEGENER

Mülheim: Auf der Freiheit

Die Mülheimer Freiheit, auch Freiheitsstraße genannt, symbolisiert Mülheims älteste Vergangenheit. In früheren Zeiten, so berichtet Bendel, gehörte der Begriff nicht nur zu einem Straßenzug, sondern zum Ort: »Freiheit Mülheim« war lange Zeit gebräuchlich. Schon im 14. Jahrhundert stoßen wir auf ihn in verschiedenen Formen: Freyheit, freyheit, freyhet, friehet. Parallelen zu Deutz drängen sich auf, zur »Deutzer Freiheit«. — Aber: Wovon denn war Mülheim »frei«? Von Mauern und Festungen, die so häufig die Geschichte hindurch geschleift werden mußten? Zwischen 1286 und 1614 jedoch war Mülheim befestigt, und im Festungsstreit zwischen Mülheim und Köln erklärte Herzog Wilhelm IV. 1588 unmißverständlich: Mülheim sei stets eine Freiheit genannt worden, aber »eine Freiheit ohne Befestigung sei nicht denkbar«. Und da die bergischen Grafen den Ort schon 1322 von bestimmten Leistungen befreit hatten, drängt sich der Schluß auf: Den Begriff »Freiheit« machten eben Befestigung und Abgabenfreiheit aus. Im übertragenen Sinne wird mancher den Begriff verstanden haben, der hier Wohnsitz, Gewerbe und Arbeit fand, als er anderswo wegen seines Glaubens verfolgt wurde. — Die Freiheit war immer die Prachtstraße von Mülheim; Napoleon war hier beim Fabrikanten Andreae zu Gast, das Haus hieß »Zum goldenen Berg«. Neben dem heute noch erhaltenen «Goldenen Pelikan« (Abb. S. 147) gab es noch viel mehr Gold: »Goldener Wagen«, »Goldenes Lämmchen« und so fort, Gold, das im Bombensturm dahinschmolz. Ein ansehnliches Überbleibsel ist das Haus »Rote Gans« mit der Jahreszahl 1762 am schön geschweiften Giebel.

W. WEGENER 37

Mülheim: Krahnenstraße

Am Eingang der Krahnenstraße, wo die Mülheimer Freiheit nach Nordosten abknickt (»Obere Freiheit«), steht der Mülheimia-Brunnen, ein Geschenk des Verschönerungsvereins, erbaut 1884. Die Hauptfigur stellt die Stadt Mülheim dar, drei Knaben in mittelalterlichem Habit versinnbildlichen Handel, Industrie und Ackerbau. — Mit dem Handel Mülheims indessen war es zeitweilig schlecht bestellt: Das rigoros gehandhabte Stapelrecht von Köln, das sich auf kaiserliche Privilegien stützte, engte die Bewegungsfreiheit der Mülheimer Kaufleute unerträglich ein. Selbst holländische Waren, die gar nicht für Köln bestimmt waren, unterlagen dessen »Stapel«. Nach 1714, mit der Zuwanderung protestantischer Kaufleute aus Köln, wurden am Mülheimer Ufer, an der Krahnenstraße, Kran, Werft und Lagerhaus errichtet, die auf kaiserlichen Spruch hin 1725 wieder niedergelegt werden mußten. Dann aber, im Jahre 1776, kümmerte sich der Mülheimer Handelsherr van Hees nicht mehr um Kölns »Stapelgerechtigkeit«: Er baute einen neuen Kran, und die Regierung von Berg unterstützt ihn in seinem Kampf gegen die Kölner (»Es ist eine Chikane, aus anscheinlicher Eifersucht, Religionshaß und Handlungsneidt«). Hess schafft es: Auch im Handel galt hinfort der Begriff der Mülheimer Freiheit. — Die ursprünglich alte Bausubstanz der Krahnenstraße ist größtenteils verlorengegangen; zum Rhein hin ist neben moderner Wohnhaus-Architektur der Verfall greifbar. Einzig das Haus Nummer 8 wendet dem Strom seine restaurierte barocke Front zu. An der Ecke Freiheitsstraße 111 stand einmal Mülheims ältester Profanbau, »im Volke öfters als alter Klosterbau bezeichnet« (Bendel). Ein Stück weiter oberhalb an der Freiheit ein Beispiel für Privatinitiative: Hier restauriert ein Eigentümer zwei alte Bürgerhäuser, mit Unterstützung der Konservatoren von Stadt und Land.

W. WEGENER 31

Verzeichnis der Abbildungen